MORITZ DOSSCHE

Einstern
Mathematik für Grundschulkinder

3

Themenheft 4
★ Schriftliche Subtraktion
★ Größenbereich Geld

Erarbeitet von Roland Bauer und Jutta Maurach

In Zusammenarbeit mit der
Cornelsen Redaktion Grundschule

Dieses Buch gibt es auch auf
www.scook.de

Es kann dort nach Bestätigung der Allgemeinen Geschäftsbedingungen genutzt werden.

Buchcode: 88q84-29g7j

Cornelsen

Einstern 3

Mathematik für Grundschulkinder
Themenheft 4
Schriftliche Subtraktion
Größenbereich Geld

Erarbeitet von:	Roland Bauer, Jutta Maurach
Fachliche Beratung:	Prof'in Dr. Silvia Wessolowski
Fachliche Beratung exekutive Funktionen:	Dr. Sabine Kubesch, INSTITUT BILDUNG plus, im Auftrag des ZNL TransferZentrum für Neurowissenschaften und Lernen, Ulm
Redaktion:	Friederike Thomas, Peter Groß, Uwe Kugenbuch
Illustration:	Yo Rühmer
Umschlaggestaltung:	Cornelia Gründer, agentur corngreen, Leipzig
Layout und technische Umsetzung:	lernsatz.de

fex

fex steht für *Förderung exekutiver Funktionen*. Hierbei werden neueste Erkenntnisse der kognitiven Neurowissenschaft zum spielerischen Training exekutiver Funktionen für die Praxis nutzbar gemacht. **fex** wurde vom **ZNL TransferZentrum für Neurowissenschaften und Lernen** *(www.znl-ulm.de)* an der Universität Ulm gemeinsam mit der **Wehrfritz GmbH** *(www.wehrfritz.com)* ins Leben gerufen. Die Cornelsen Schulverlage haben in Kooperation mit dem ZNL ein Konzept für die Förderung exekutiver Funktionen im Unterrichtswerk *Einstern* entwickelt.

Bildnachweis
6, 9, 10, 14, 28, 29 © Europäische Union

www.cornelsen.de

1. Auflage, 1. Druck 2016

Alle Drucke dieser Auflage sind inhaltlich unverändert
und können im Unterricht nebeneinander verwendet werden.

© 2016 Cornelsen Schulverlage GmbH, Berlin

Das Werk und seine Teile sind urheberrechtlich geschützt.
Jede Nutzung in anderen als den gesetzlich zugelassenen Fällen bedarf
der vorherigen schriftlichen Einwilligung des Verlages.
Hinweis zu den §§ 46, 52a UrhG: Weder das Werk noch seine Teile dürfen ohne eine
solche Einwilligung eingescannt und in ein Netzwerk eingestellt oder sonst öffentlich
zugänglich gemacht werden.
Dies gilt auch für Intranets von Schulen und sonstigen Bildungseinrichtungen.

Druck: Parzeller print & media GmbH & Co. KG, Fulda

ISBN 978-3-06-083694-9

PEFC zertifiziert
Dieses Produkt stammt aus nachhaltig
bewirtschafteten Wäldern und kontrollierten
Quellen.

www.pefc.de

Inhaltsverzeichnis

Schriftlich subtrahieren

Schriftlich subtrahieren – Abziehen
- Geldbeträge legen und Anteile wegnehmen ... 5
- Das Wegnehmen vom Bild in die Stellentafel übertragen ... 6
- Subtraktionsaufgaben in der Stellentafel darstellen ... 7
- In der Stellentafel abziehen ... 8
- Geldbeträge zeichnen, Zehner tauschen und abziehen ... 9
- Geldbeträge zeichnen, Hunderter tauschen und abziehen ... 10
- Aufgaben legen und handelnd lösen ... 11
- Schreib- und Sprechweise beim Abziehverfahren kennenlernen ... 12
- Mehrfachen Stellenübergang kennenlernen und üben ... 13

Schriftlich subtrahieren – Ergänzen
- Die Differenz berechnen – Ergänzen ... 14
- Schreib- und Sprechweise beim Ergänzungsverfahren anwenden ... 15
- Schreib- und Sprechweise beim Stellenübergang kennenlernen ... 16
- Mehrfachen Stellenübergang kennenlernen und üben ... 17

Schriftlich subtrahieren üben
- Subtrahieren mit einem Stellenübergang üben ... 18
- Schriftliches Subtrahieren üben ... 19
- Knobeleien mit Ziffernkärtchen lösen ... 20
- Besondere Minusaufgaben bilden und lösen ... 21
- IRI-Zahlen kennenlernen und subtrahieren ... 22
- Im Kopf oder schriftlich rechnen ... 23
- Die eigene Rechnung überprüfen ... 24
- Fehler und ihre Ursachen finden ... 25
- Mit Sachsituationen umgehen ... 26
- Ergebnisse der Bundesjugendspiele auswerten ... 27

Geld

Umgang mit Geld
- Geldbeträge bestimmen, vergleichen und zusammenstellen ... 28
- Geldbeträge unterschiedlich notieren ... 29
- Rechenschritte auf verschiedene Art darstellen ... 30

Mit Sachsituationen umgehen
- Rechengeschichten zusammensetzen und lösen ... 31
- Einnahmen und Ausgaben der Klassenkasse eintragen ... 32
- Kassenzettel auswerten und erstellen ... 33
- Preise vergleichen ... 34
- Preise vergleichen und zuordnen ... 35
- Passende Rechenoperationen und passende Fragen finden ... 36
- Rechengeschichten selbst erfinden ... 37
- Sachsituationen spielen ... 38
- Informationen aus Preistafeln entnehmen ... 39
- Beim Einkaufen alle Möglichkeiten finden ... 40
- Einen Text verstehen und Fragen dazu beantworten ... 41
- Fragen zu einer Geschichte beantworten ... 42
- Zahlenangaben in Zeitungsartikeln überprüfen ... 43
- Fermi-Aufgaben bearbeiten ... 44

577
−386
–––––
191

4 17
5̷7̷7
−386
–––––
191

Leichte Aufgaben rechne ich im Kopf.

Wenn ich schriftlich rechne, mache ich weniger Fehler.

Wenn ich im Kopf rechne, geht es manchmal schneller.

Ich zeige dir, wie du schriftlich subtrahieren kannst.

subtrahieren: Minusaufgaben lösen

Geldbeträge legen und Anteile wegnehmen

1 Bei einigen Verkaufsständen liegen die Einnahmen auf dem Tisch. Von diesen müssen noch Rechnungen bezahlt werden. Lege selbst mit Rechengeld und schreibe auf, wie viel Geld jeweils übrig bleibt.

a) Getränke

Rechnung für gelieferte Getränke: 122 €

Seite 5 Aufgabe 1
a) Getränke: 1 1 2 €
b) ...

b) Würstchen

Rechnung Würste 113 €

c) Butterbrezeln

RECHNUNG: Brezeln + Butter ...... 111 €

d) Pizza

Rechnung für Anlieferung von tiefgekühlter Pizza: 112 €

e) Belegte Brötchen

Rechnung Brötchen + Wurst + Käse 212 €

★ übersetzen Problemstellungen einer Sachsituation in ein mathematisches Modell
★ legen Geldbeträge mit Rechengeld und subtrahieren handelnd

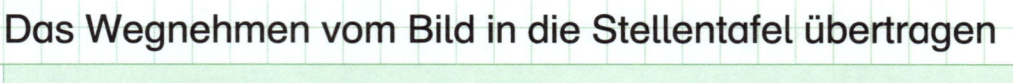

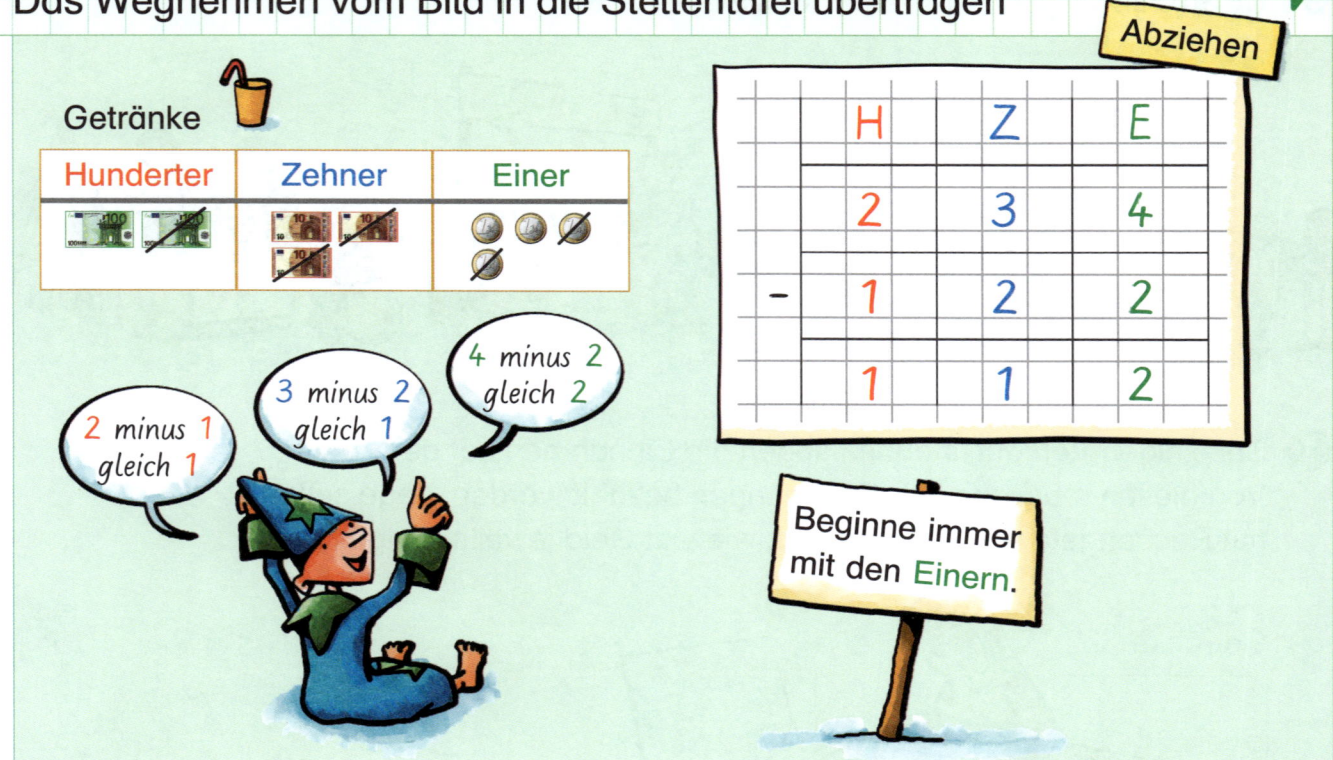

Das Wegnehmen vom Bild in die Stellentafel übertragen

Abziehen

Getränke

Hunderter	Zehner	Einer

"2 minus 1 gleich 1"
"3 minus 2 gleich 1"
"4 minus 2 gleich 2"

	H	Z	E
	2	3	4
−	1	2	2
	1	1	2

Beginne immer mit den Einern.

1 Die Rechenbilder zeigen, wie die Rechnungen bezahlt wurden.
Übertrage jede Minusaufgabe in eine Stellentafel.
Berechne den Gewinn. Sprich dazu wie Einstern.

a) Würstchen

Hunderter	Zehner	Einer

Seite 6 Aufgabe 1
a)
	H	Z	E
	3	2	4
−	1	1	3
	2	1	1

b) ...

b) Butterbrezeln

Hunderter	Zehner	Einer

c) Pizza

Hunderter	Zehner	Einer

d) Belegte Brötchen

Hunderter	Zehner	Einer

e) Schminkecke

Hunderter	Zehner	Einer

★ übertragen von der konkret handelnden Ebene in die symbolische Darstellung in der Stellentafel
★ lösen Aufgaben zur Subtraktion im Zahlenraum bis 1 000 und nutzen dabei die Struktur des Zehnersystems

Subtraktionsaufgaben in der Stellentafel darstellen

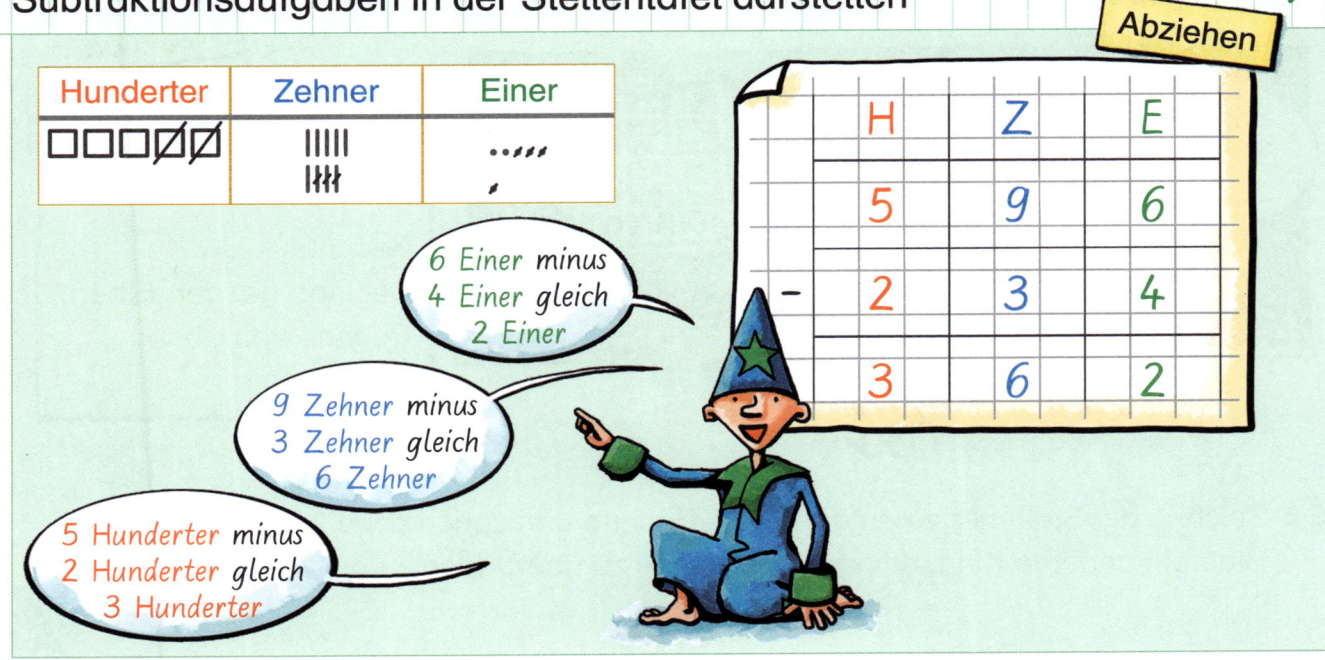

Abziehen

6 Einer minus 4 Einer gleich 2 Einer

9 Zehner minus 3 Zehner gleich 6 Zehner

5 Hunderter minus 2 Hunderter gleich 3 Hunderter

	H	Z	E
	5	9	6
–	2	3	4
	3	6	2

1 Übertrage die Rechenbilder in Stellentafeln.
Bestimme jeweils das Ergebnis.
Beginne bei den Einern. Sprich dazu wie Einstern.

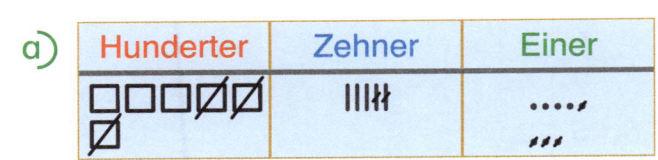

Seite 7 Aufgabe 1

a)
H	Z	E
6	5	8
– 3	2	4
3	3	4

b) ...

2 Zeichne zu mindestens drei Aufgaben passende Rechenbilder.

a) 346 – 213
b) 435 – 324
c) 524 – 312
d) 354 – 143
e) 285 – 142
f) 176 – 153
g) 547 – 325
h) 263 – 141

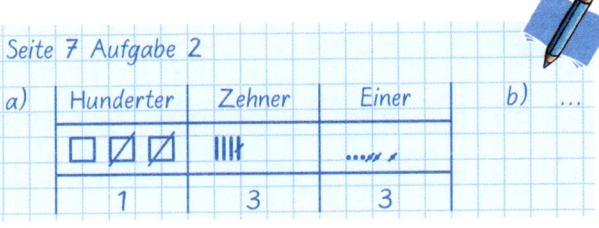

Seite 7 Aufgabe 2

a)
Hunderter	Zehner	Einer
1	3	3

b) ...

→ AH Seite 39

★ nutzen planvoll und systematisch die Struktur des Zehnersystems
★ übertragen eine Darstellung in eine andere

In der Stellentafel abziehen

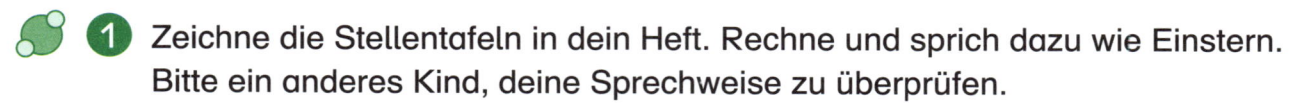

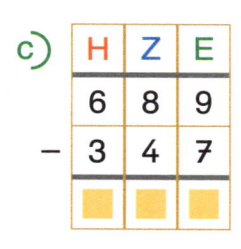

Abziehen

6 minus 5 gleich 1
7 minus 4 gleich 3
5 minus 3 gleich 2

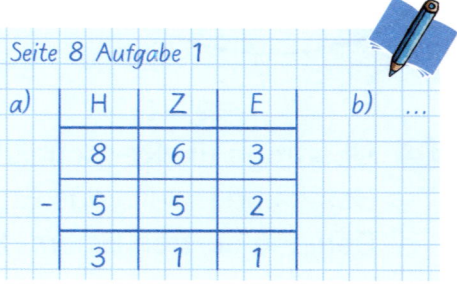

	H	Z	E
	5	7	6
−	3	4	5
	2	3	1

Beachte:
Beginne bei den Einern.
Rechne von oben nach unten.

1 Zeichne die Stellentafeln in dein Heft. Rechne und sprich dazu wie Einstern. Bitte ein anderes Kind, deine Sprechweise zu überprüfen.

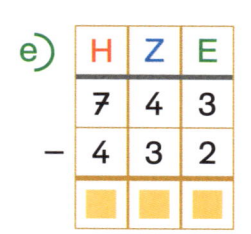

a)
H	Z	E
8	6	3
− 5	5	2

b)
H	Z	E
5	3	5
− 4	1	4

c)
H	Z	E
6	8	9
− 3	4	7

d)
H	Z	E
9	7	7
− 3	5	3

e)
H	Z	E
7	4	3
− 4	3	2

f)
H	Z	E
8	7	4
− 6	5	2

Seite 8 Aufgabe 1
a)
H	Z	E
8	6	3
− 5	5	2
3	1	1
b) ...

2 Schreibe jede Aufgabe in eine Stellentafel und berechne das Ergebnis.

a) 739 − 23 =
b) 589 − 352 =
c) 877 − 665 =
d) 563 − 251 =
e) 856 − 524 =
f) 476 − 354 =

Seite 8 Aufgabe 2
a)
H	Z	E
7	3	9
−	2	3
7	1	6
b) ...

3 Schreibe die Zahlen wie in der Stellentafel untereinander und berechne das Ergebnis.

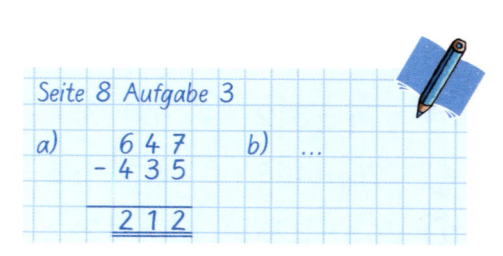

a) 647 − 435 =
b) 858 − 346 =
c) 557 − 36 =
d) 772 − 360 =
e) 689 − 555 =
f) 464 − 32 =

Seite 8 Aufgabe 3
a)   6 4 7
   − 4 3 5
   ─────
     2 1 2
b) ...

* übertragen die bekannte Vorgehensweise auf das Abziehverfahren bei der schriftlichen Subtraktion
* subtrahieren dreistellige Zahlen in der Stellentafel mit dem Abziehverfahren
* übertragen Subtraktionsaufgaben stellengerecht in die Stellentafel

→ Ü Seite 31

Geldbeträge zeichnen, Zehner tauschen und abziehen

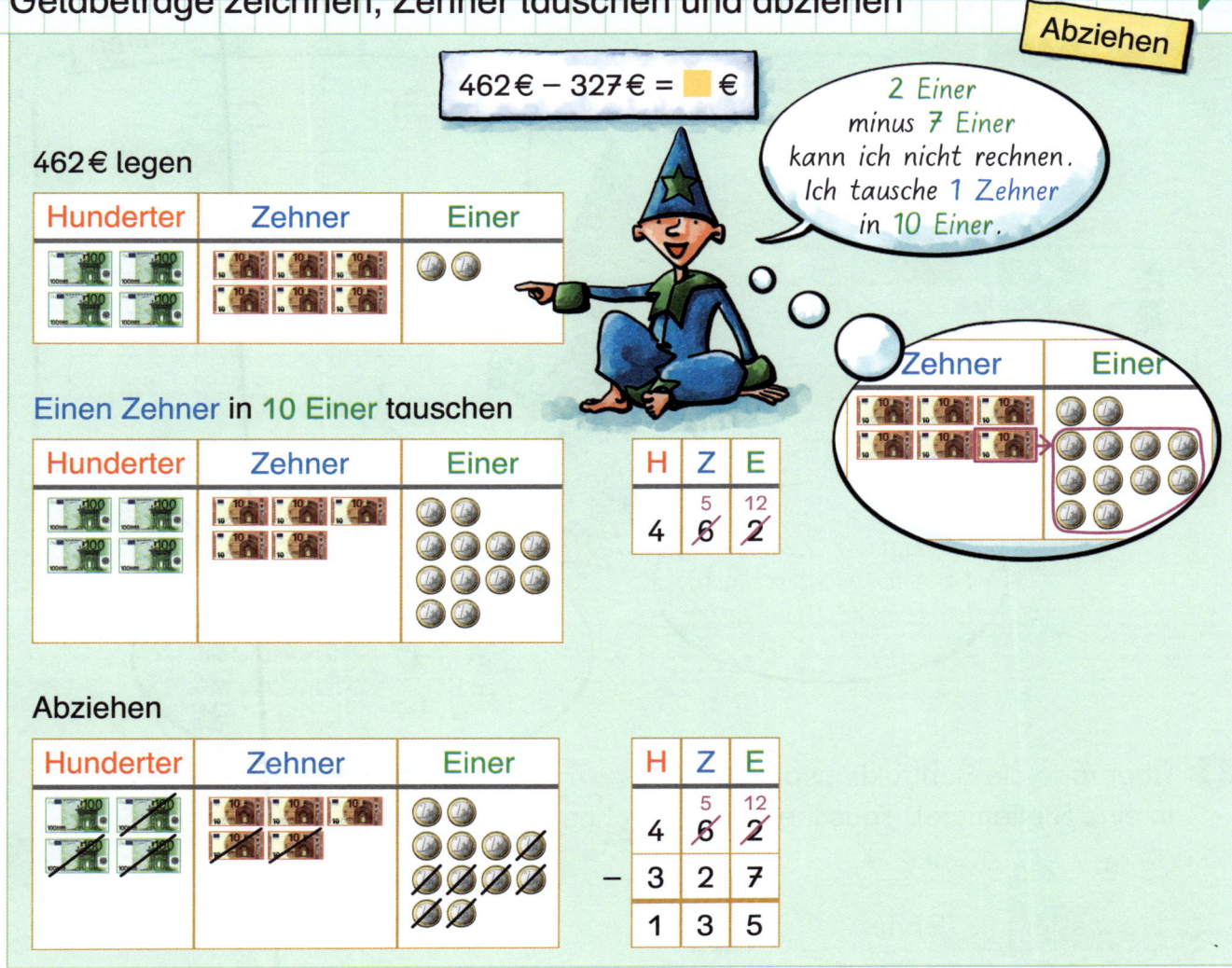

Abziehen

462 € − 327 € = ▢ €

2 Einer minus 7 Einer kann ich nicht rechnen. Ich tausche 1 Zehner in 10 Einer.

462 € legen

Hunderter	Zehner	Einer

Einen Zehner in 10 Einer tauschen

Hunderter	Zehner	Einer

H	Z	E
4	~~6~~ 5	~~2~~ 12

Abziehen

Hunderter	Zehner	Einer

H	Z	E
4	~~6~~ 5	~~2~~ 12
− 3	2	7
1	3	5

---

1 Zeichne die Subtraktionsaufgabe als Bild.
Zeichne den Tauschvorgang farbig ein.
Notiere dein Vorgehen in der Stellentafel.

a) 674 € − 456 € = ▢ €

b) 861 € − 339 € = ▢ €

Seite 9 Aufgabe 1

a)

Hunderter	Zehner	Einer
100 100	10 10 10	① ① ① ①
100 100	10 10 ~~10~~	① ① ① ①
100 100	~~10~~	~~①~~ ~~①~~ ~~①~~ ~~①~~
		~~①~~ ~~①~~

H	Z	E
6	~~7~~ 6	~~4~~ 14
− 4	5	6
2	1	8

b) ...

→ AH Seite 40

* wechseln zwischen verschiedenen Darstellungsformen
* verstehen auf der Basis des dekadischen Zahlensystems den Tauschvorgang
* notieren den Tauschvorgang in der Stellentafel

Geldbeträge zeichnen, Hunderter tauschen und abziehen

635 € − 274 € = ▢ €

Abziehen

H	Z	E
5	13	
~~6~~	~~3~~	5
− 2	7	4
3	6	1

3 Zehner minus 7 Zehner kann ich nicht rechnen. Ich tausche 1 Hunderter in 10 Zehner.

1 Übertrage die Subtraktionsaufgabe in eine Stellentafel. Tausche um und rechne.

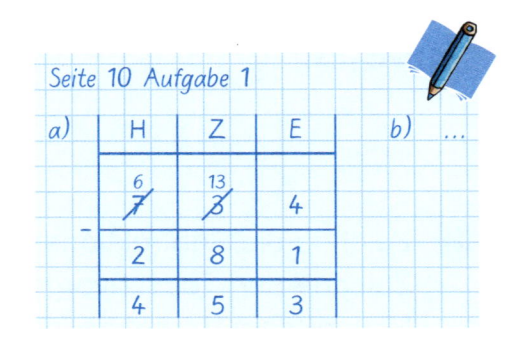

a) 734 € − 281 € = ▢ €

Seite 10 Aufgabe 1

a)	H	Z	E	b) ...
	~~7~~ 6	~~3~~ 13	4	
−	2	8	1	
	4	5	3	

b) 815 € − 552 € = ▢ €

c) 857 € − 675 € = ▢ €

d) 634 € − 481 € = ▢ €

e) 526 € − 341 € = ▢ €

* wechseln zwischen verschiedenen Darstellungsformen
* verstehen auf der Basis des dekadischen Zahlensystems den Tauschvorgang
* notieren den Tauschvorgang in der Stellentafel

→ AH Seite 41

Aufgaben legen und handelnd lösen

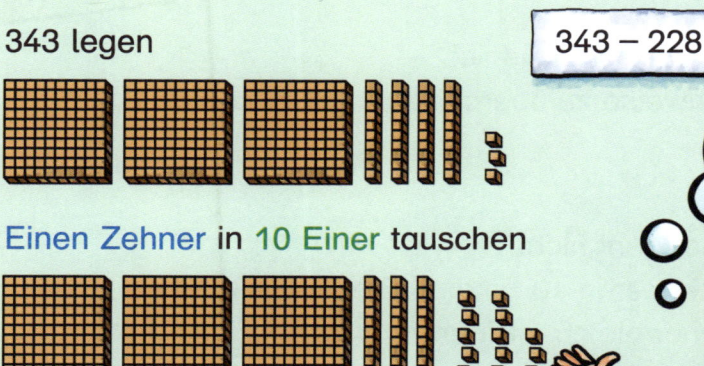

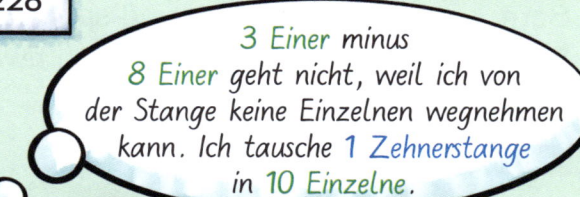

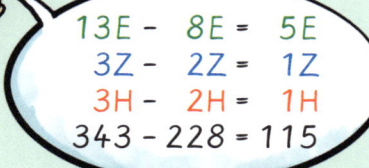

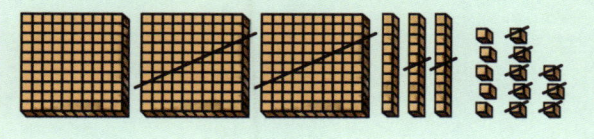

Abziehen

343 legen — 343 − 228

Tim: 3 Einer minus 8 Einer geht nicht, weil ich von der Stange keine Einzelnen wegnehmen kann. Ich tausche 1 Zehnerstange in 10 Einzelne.

Einen Zehner in 10 Einer tauschen

Abziehen

```
13E −  8E = 5E
 3Z −  2Z = 1Z
 3H −  2H = 1H
343 − 228 = 115
```

337 legen — 337 − 156

Lea: 3 Zehner minus 5 Zehner geht nicht, weil ich von der Platte keine Stangen wegnehmen kann. Ich tausche 1 Hunderterplatte in 10 Zehnerstangen.

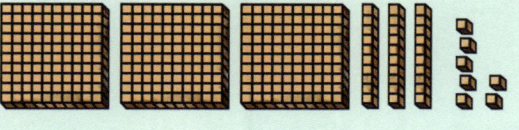

Einen Hunderter in 10 Zehner tauschen

Abziehen

```
 7E −  6E = 1E
13Z −  5Z = 8Z
 2H −  1H = 1H
337 − 156 = 181
```

1 Lege und sprich wie Tim.
Tausche eine Zehnerstange in zehn Einzelne um.

a) 343 − 228 = ▇
b) 543 − 216 = ▇
c) 432 − 315 = ▇
d) 341 − 126 = ▇

Seite 11 Aufgabe 1
a) 343 − 228 = 115   b) ...

2 Lege und sprich wie Lea.
Tausche eine Hunderterplatte in zehn Zehnerstangen um.

a) 337 − 156 = ▇
b) 549 − 386 = ▇
c) 726 − 574 = ▇
d) 816 − 632 = ▇

Seite 11 Aufgabe 2
a) 337 − 156 = 181   b) ...

★ übertragen ihre bisherigen Kenntnisse in andere ihnen bereits bekannte Darstellungsformen
★ bestätigen und vertiefen ihre Erkenntnisse durch den handelnden Umgang mit strukturiertem Material

Schreib- und Sprechweise beim Abziehverfahren kennenlernen

Abziehen

1 Berechne durch Abziehen und sprich wie im Beispiel.
Bitte ein anderes Kind, deine Sprechweise zu überprüfen.

H	Z	E
7	9̸⁸	2̸¹²
− 4	6	8
3	2	4

Sprich so:

E: 2 Einer minus 8 Einer geht nicht.
Ich tausche einen Zehner in 10 Einer und behalte 8 Zehner.
12 Einer minus 8 Einer gleich 4 Einer. Schreibe 4.

Z: 8 Zehner minus 6 Zehner gleich 2 Zehner. Schreibe 2.

H: 7 Hunderter minus 4 Hunderter gleich 3 Hunderter. Schreibe 3.

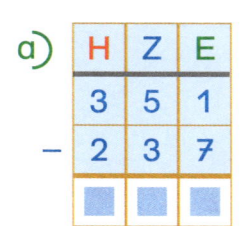

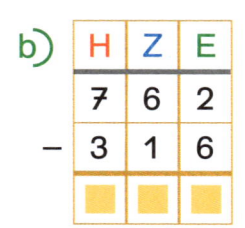

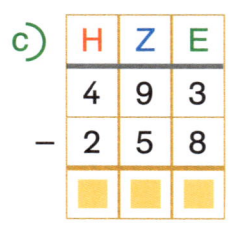

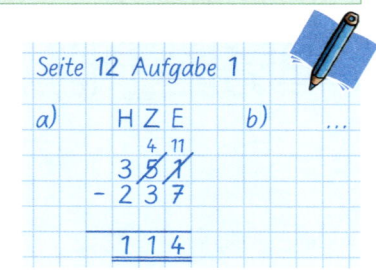

a)
H	Z	E
3	5	1
− 2	3	7
■	■	■

b)
H	Z	E
7	6	2
− 3	1	6
■	■	■

c)
H	Z	E
4	9	3
− 2	5	8
■	■	■

Seite 12 Aufgabe 1
a) H Z E   b) ...
   3 5̸⁴ 1̸¹¹
 − 2 3 7
   1 1 4

2 Berechne durch Abziehen und sprich wie im Beispiel.
Bitte ein anderes Kind, deine Sprechweise zu überprüfen.

H	Z	E
5̸⁴	2̸¹²	8
− 3	6	1
1	6	7

Sprich so:

E: 8 Einer minus 1 Einer gleich 7 Einer. Schreibe 7.

Z: 2 Zehner minus 6 Zehner geht nicht.
Ich tausche einen Hunderter in 10 Zehner und behalte 4 Hunderter.
12 Zehner minus 6 Zehner gleich 6 Zehner. Schreibe 6.

H: 4 Hunderter minus 3 Hunderter gleich 1 Hunderter. Schreibe 1.

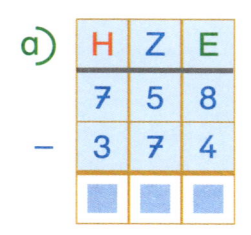

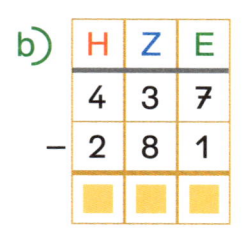

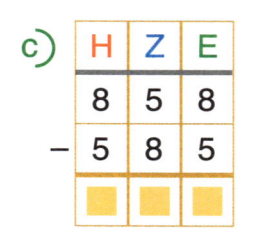

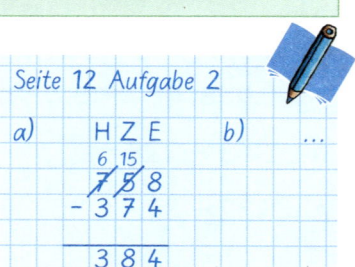

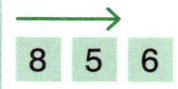

a)
H	Z	E
7	5	8
− 3	7	4
■	■	■

b)
H	Z	E
4	3	7
− 2	8	1
■	■	■

c)
H	Z	E
8	5	8
− 5	8	5
■	■	■

Seite 12 Aufgabe 2
a) H Z E   b) ...
   7̸⁶ 5̸¹⁵ 8
 − 3 7 4
   3 8 4

→ 8 5 6   → 3 6 4 9   → 7 2 5 8 3   ⭐6 ⭐2 ⭐4

* leiten aus dem Tauschvorgang die Möglichkeit des Abziehens einzelner Stellenwerte ab
* übertragen den Tauschvorgang in die rechnerische Ausführung sowie die passende Notation und Sprechweise

→ AH Seite 42

Mehrfachen Stellenübergang kennenlernen und üben

Abziehen

1 Betrachte den mehrfachen Stellenübergang.
Berechne durch Abziehen und sprich in Kurzform wie im Beispiel.
Bitte ein anderes Kind, deine Sprechweise zu überprüfen.

> **Zehner und Hunderter beim Abziehverfahren tauschen**
>
> | H | Z | E |
> |---|---|---|
> | ⁵6̸ | ¹¹2̸ | ¹⁴4̸ |
> | − 3 | 8 | 5 |
> | 2 | 3 | 9 |
>
> Sprich so:
>
> E: 4 minus 5 geht nicht.
> 14 minus 5 gleich 9. Schreibe 9.
>
> Z: 1 minus 8 geht nicht.
> 11 minus 8 gleich 3. Schreibe 3.
>
> H: 5 minus 3 gleich 2. Schreibe 2.

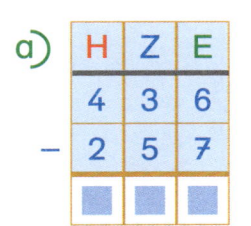

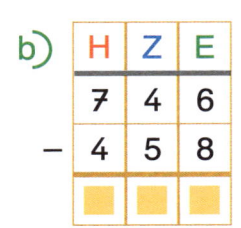

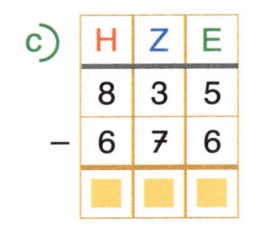

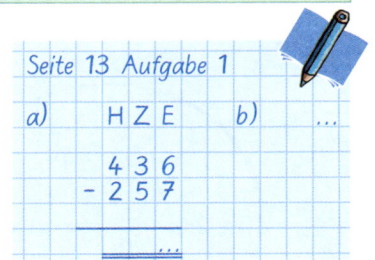

a)
H	Z	E
4	3	6
− 2	5	7

b)
H	Z	E
7	4	6
− 4	5	8

c)
H	Z	E
8	3	5
− 6	7	6

Seite 13 Aufgabe 1
a) H Z E   b) ...
      4 3 6
    − 2 5 7
    ─────
       ...

2 Beachte die Besonderheit bei 0 Zehnern.
Berechne durch Abziehen und sprich wie im Beispiel.
Bitte ein anderes Kind, deine Sprechweise zu überprüfen.

> Beim Abziehen von einer Zahl mit 0 Zehnern kann es sein,
> dass du zweimal tauschen musst.
>
> | H | Z | E |
> |---|---|---|
> | ⁶7̸ | ⁹1̸0̸ | ¹³3̸ |
> | − 2 | 8 | 5 |
> | 4 | 1 | 8 |
>
> Sprich so:
>
> E: 3 Einer minus 5 Einer geht nicht. Es gibt keinen Zehner
> zum Tauschen. Deshalb tausche ich zuerst einen Hunderter
> in 10 Zehner und behalte 6 Hunderter. Nun tausche ich
> einen Zehner in 10 Einer und behalte 9 Zehner.
> 13 Einer minus 5 Einer gleich 8 Einer. Schreibe 8.
>
> Z: 9 Zehner minus 8 Zehner gleich 1 Zehner. Schreibe 1.
>
> H: 6 Hunderter minus 2 Hunderter gleich 4 Hunderter. Schreibe 4.

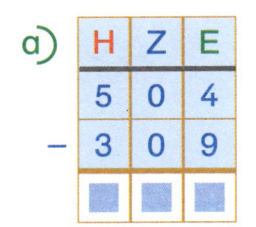

a)
H	Z	E
5	0	4
− 3	0	9

b)
H	Z	E
7	0	0
− 3	7	8

c)
H	Z	E
8	0	0
− 6	4	7

Seite 13 Aufgabe 2
a) H Z E   b) ...
      5 0 4
    − 3 0 9
    ─────
       ...

→ AH Seite 43

* leiten aus dem Tauschvorgang die Möglichkeit des Abziehens einzelner Stellenwerte ab
* übertragen den Tauschvorgang in die rechnerische Ausführung, die passende Notation und Sprechweise
* übertragen Kenntnisse des Tauschens, der Notation und der Sprechweise auf mehrfachen Stellenübergang

Die Differenz berechnen – Ergänzen

Ergänzen

Lea wünscht sich das Fahrrad für 354 €. Sie hat schon 231 € gespart. Sie überlegt, wie viel Geld ihr noch fehlt, und rechnet mit einer Ergänzungsaufgabe:

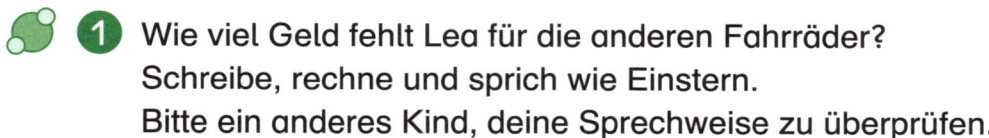

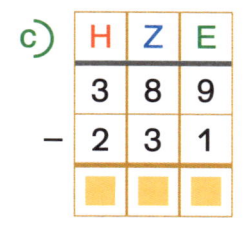

$$231 € + \square \, € = 354 €$$

Das habe ich schon.

So viel fehlt noch.

Diese Ergänzungsaufgabe kannst du auch so schreiben, rechnen und sprechen:

H	Z	E
3	5	4
2	3	1
1	2	3

1 plus 3 gleich 4
3 plus 2 gleich 5
2 plus 1 gleich 3

---

1 Wie viel Geld fehlt Lea für die anderen Fahrräder?
Schreibe, rechne und sprich wie Einstern.
Bitte ein anderes Kind, deine Sprechweise zu überprüfen.

a)
H	Z	E
2	4	5
2	3	1

b)
H	Z	E
4	6	8
2	3	1

c)
H	Z	E
3	8	9
2	3	1

d)
H	Z	E
2	9	8
2	3	1

Seite 14 Aufgabe 1

a)
H	Z	E
2	4	5
2	3	1
0	1	4

Es fehlen 14 €.

b) ...

* übersetzen Problemstellungen einer Sachsituation in ein mathematisches Modell
* übertragen ihre Erkenntnisse, indem sie eine Subtraktionsaufgabe in eine additive Ergänzung umwandeln
* legen Geldbeträge mit Rechengeld stellengerecht untereinander und erkennen die Ergänzungsmöglichkeit

→ AH Seite 44

Schreib- und Sprechweise beim Ergänzungsverfahren anwenden

Ergänzen

574 − 351 = ☐

Man kann durch Ergänzen schriftlich subtrahieren.

$$\begin{array}{r} 574 \\ -351 \\ \hline 223 \end{array}$$

1 plus 3 gleich 4
5 plus 2 gleich 7
3 plus 2 gleich 5

Beachte:
Beginne bei den Einern.
Rechne von unten nach oben.

---

1 Übertrage die Aufgaben in dein Heft.
Berechne das Ergebnis durch Ergänzen.
Schreibe dazu, wie du sprichst.

a) 356 − 124
b) 548 − 316
c) 756 − 243
d) 986 − 374
e) 489 − 206
f) 785 − 543

Seite 15 Aufgabe 1
a) 356 − 124   4 plus 2 gleich 6
   …
   232
b) …

---

2 Schreibe die Zahlen untereinander und berechne das Ergebnis durch Ergänzen.

a) 785 − 342 = ☐
b) 398 − 174 = ☐
c) 968 − 423 = ☐
d) 684 − 403 = ☐
e) 547 − 135 = ☐
f) 827 − 715 = ☐

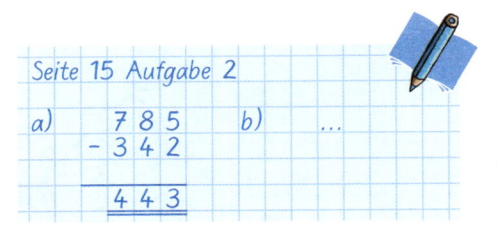

Seite 15 Aufgabe 2
a) 785 − 342
   443
b) …

---

3 Löse die Zahlenrätsel.

a) Subtrahiere 256 von 489.
b) Berechne den Unterschied zwischen 675 und 234.
c) Welche Zahl musst du von 578 subtrahieren, um 324 zu erhalten?

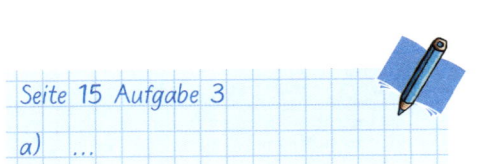

Seite 15 Aufgabe 3
a) …

→ Ü Seite 31

* schreiben Zahlen stellengerecht untereinander
* subtrahieren im Ergänzungsverfahren mit vorgegebener Sprech- und Schreibweise
* übertragen Zahlenrätsel in adäquate Rechenoperationen und wenden Fachbegriffe richtig an

Schreib- und Sprechweise beim Stellenübergang kennenlernen

Ergänzen

1 Berechne durch Ergänzen und sprich wie im Beispiel.
Bitte ein anderes Kind, deine Sprechweise zu überprüfen.

H	Z	E
3	7	2¹⁰
−2	2	7
	₁	
1	4	5

Von 7 kann ich nicht auf 2 ergänzen. Mein Trick: Ich gebe zu beiden Zahlen 10 dazu. Der Unterschied bleibt gleich.

Sprich so:

E: 7 plus 5 gleich 12. Schreibe 5, übertrage 1.

Z: 3 plus 4 gleich 7. Schreibe 4.

H: 2 plus 1 gleich 3. Schreibe 1.

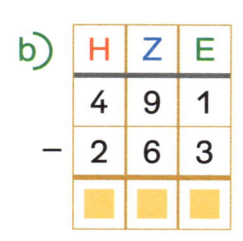

a) H Z E: 6 8 2 − 2 4 7

b) H Z E: 4 9 1 − 2 6 3

c) H Z E: 5 7 2 − 3 5 5

Seite 16 Aufgabe 1
a) H Z E
  6 8²⁰
 −2 4 7
    ₁
  4 3 5
b) ...

d) H Z E: 8 6 2 − 5 4 8

e) H Z E: 3 5 2 − 1 2 6

f) H Z E: 7 8 2 − 4 5 9

2 Berechne durch Ergänzen und sprich wie im Beispiel.
Bitte ein anderes Kind, deine Sprechweise zu überprüfen.

H	Z	E
6	5¹⁰	3
−3	7	2
₁		
2	8	1

Der Trick funktioniert auch bei Zehnern und Hundertern.

Sprich so:

E: 2 plus 1 gleich 3. Schreibe 1.

Z: 7 plus 8 gleich 15. Schreibe 8, übertrage 1.

H: 4 plus 2 gleich 6. Schreibe 2.

a) H Z E: 7 3 4 − 2 6 3

b) H Z E: 4 2 7 − 1 8 5

c) H Z E: 8 3 8 − 5 7 3

Seite 16 Aufgabe 2
a) H Z E
  7 3¹⁰ 4
 −2 6 3
  ₁
  4 7 1
b) ...

→ AH Seite 45

Mehrfachen Stellenübergang kennenlernen und üben

Ergänzen

1 Betrachte den mehrfachen Stellenübergang.
Berechne durch Ergänzen und sprich wie im Beispiel.
Bitte ein anderes Kind, deine Sprechweise zu überprüfen.

> **Mit mehreren Übertragszahlen beim Ergänzungsverfahren rechnen**
>
> | H | Z | E |
> |---|---|---|
> | | 10| 10|
> | 6 | 5 | 3 |
> | −2| 8 | 4 |
> | 1 | 1 | |
> | 3 | 6 | 9 |
>
> Sprich so:
>
> E: 4 plus 9 gleich 13. Schreibe 9, übertrage 1.
>
> Z: 9 plus 6 gleich 15. Schreibe 6, übertrage 1.
>
> H: 3 plus 3 gleich 6. Schreibe 3.

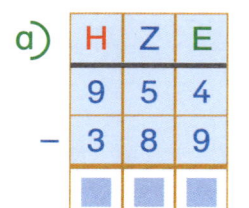

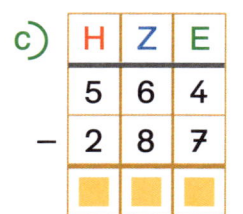

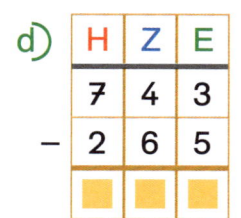

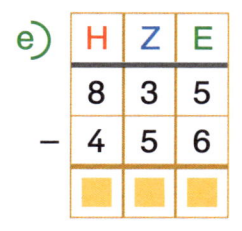

a) 954 − 389

b) 642 − 397

c) 564 − 287

d) 743 − 265

e) 835 − 456

f) 473 − 188

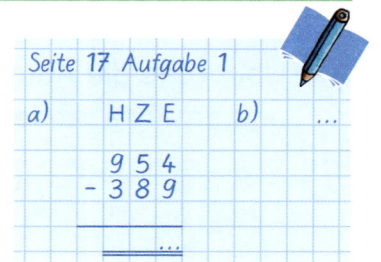

Seite 17 Aufgabe 1
a) H Z E   b) ...
   9 5 4
  −3 8 9
   ...

2 Beim Ergänzen einer Zahl mit 0 Zehnern gehst du wie bisher vor.
Berechne durch Ergänzen und sprich wie im Beispiel.
Bitte ein anderes Kind, deine Sprechweise zu überprüfen.

> | H | Z | E |
> |---|---|---|
> | | 10| 10|
> | 7 | 0 | 3 |
> | −2| 8 | 5 |
> | 1 | 1 | |
> | 4 | 1 | 8 |
>
> Sprich so:
>
> E: 5 plus 8 gleich 13. Schreibe 8, übertrage 1.
>
> Z: 9 plus 1 gleich 10. Schreibe 1, übertrage 1.
>
> H: 3 plus 4 gleich 7. Schreibe 4.

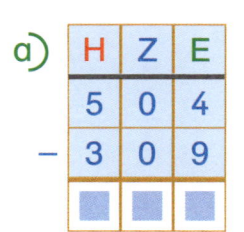

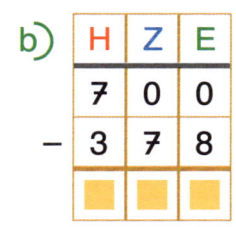

a) 504 − 309

b) 700 − 378

c) 800 − 647

Seite 17 Aufgabe 2
a) H Z E   b) ...
   5 0 4
  −3 0 9
   ...

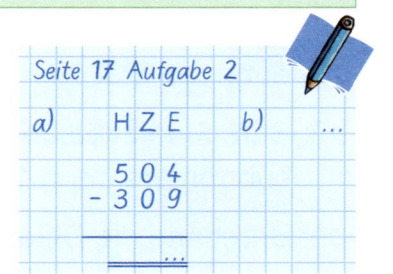

→ AH Seite 46

★ übertragen ihre bisherigen Kenntnisse über die schriftliche Subtraktion im Ergänzungsverfahren auf Aufgaben mit mehrfachem Stellenübergang
★ erweitern ihre Erkenntnisse bei der Sprech- und Schreibweise auf mehrfachen Stellenübergang

Subtrahieren mit einem Stellenübergang üben

Abziehen oder ergänzen?

1 Schreibe die Zahlen untereinander. Rechne und sprich dazu auf deine Art (abziehen oder ergänzen).

a) 638 − 276   b) 547 − 219   c) 548 − 329
d) 519 − 378   e) 689 − 493   f) 681 − 477

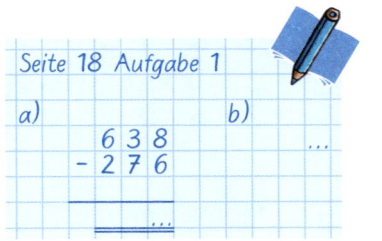

2 Übertrage die Aufgaben in dein Heft und ergänze die fehlenden Ziffern.

a) 8 6 ■
  − 2 ■ 9
  ─────
    ■ 3 3

b) 4 ■ 6
  − ■ 2 8
  ─────
    1 3 ■

c) ■ 1 ■
  − 5 ■ 2
  ─────
    3 3 3

d) 4 ■ 5
  − ■ 1 7
  ─────
    2 1 ■

e) 4 3 ■
  − 2 ■ 3
  ─────
    ■ 8 3

f) 6 ■ 2
  − ■ 6 ■
  ─────
    2 2 7

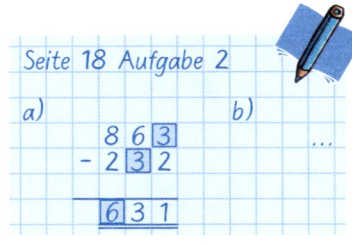

3 Berechne immer den Unterschied (die Differenz) der beiden Zahlen.

a) 785 | 492
b) 913 | 452
c) 149 | 367
d) 738 | 262
e) 249 | 498
f) 549 | 273

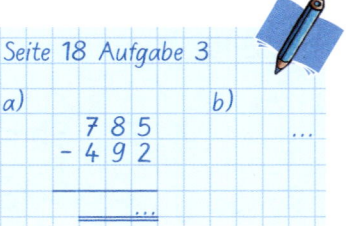

4 Löse die Zahlenrätsel mithilfe der schriftlichen Addition und Subtraktion.

a) Subtrahiere von 345 die Zahl 216, dann erhältst du meine Zahl.

b) Berechne zuerst die Summe von 315 und 268, subtrahiere dann 158.

c) Berechne die Differenz von 719 und 543, addiere dann 286.

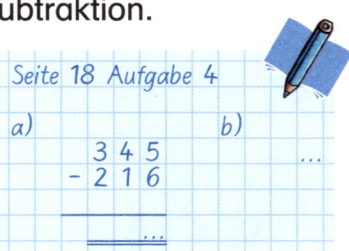

→ Ü Seite 32

Schriftliches Subtrahieren üben

1 Finde zuerst die passenden Aufgaben.
Übertrage sie dann in dein Heft und löse sie.

a) 4 Aufgaben ohne Stellenübergang
b) 4 Aufgaben mit einem Stellenübergang
c) 4 Aufgaben mit zwei Stellenübergängen

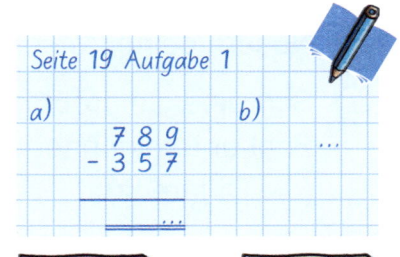

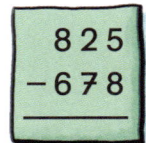

Seite 19 Aufgabe 1
a)   b)
  789   ...
 −357
 ____
  ...

789	694	931	637	728	506
−357	−356	−564	−514	−453	−274

800	968	761	537	894	825
−376	−654	−423	−379	−382	−678

2 Bilde selbst Minusaufgaben. Wähle die Zahlen so, dass die folgenden Aufgaben entstehen.

a) Aufgaben mit einem Stellenübergang
b) Aufgaben mit zwei Stellenübergängen

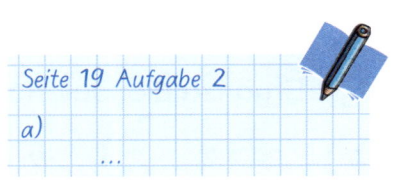

507   284   352   903   710

Seite 19 Aufgabe 2
a)
...

3 Bilde aus den Ziffern jeweils die größte und die kleinste Zahl und schreibe Minusaufgaben auf.

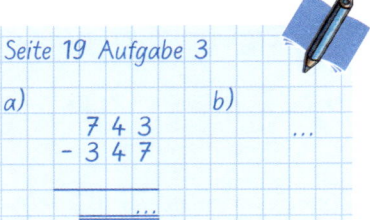

a) 3 7 4   b) 6 5 2   c) 9 6 8

Seite 19 Aufgabe 3
a)   b)
  743   ...
 −347
 ____
  ...

4 Setze die passenden Ziffern ein.

a)
  ■ ■ ■
 −4 3 5
 _____
  2 2 1

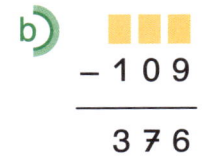

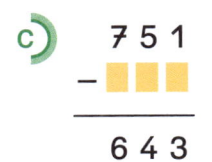

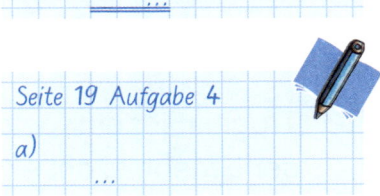

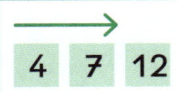

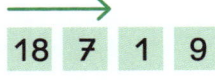

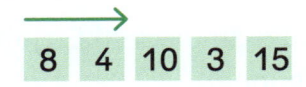

b)
  ■ ■ ■
 −1 0 9
 _____
  3 7 6

c)
  7 5 1
 −■ ■ ■
 _____
  6 4 3

Seite 19 Aufgabe 4
a)
...

4 7 12   18 7 1 9   8 4 10 3 15   9 7 8

→ AH Seite 47
→ Ü Seiten 33 und 34

Knobeleien mit Ziffernkärtchen lösen

1 Bilde aus den Ziffern ⟨3⟩ ⟨8⟩ ⟨9⟩
alle möglichen dreistelligen Zahlen.

a) Notiere deine Zahlen.

b) Schreibe die größtmögliche und die kleinstmögliche Zahl untereinander und berechne den Unterschied (die Differenz).

c) Berechne die Differenz von weiteren drei Zahlenpaaren.

Seite 20 Aufgabe 1
a) ...

2 Finde für jede Ziffer die richtige Stelle und schreibe die Rechnung auf. Kontrolliere deine Lösung mit der Umkehraufgabe.

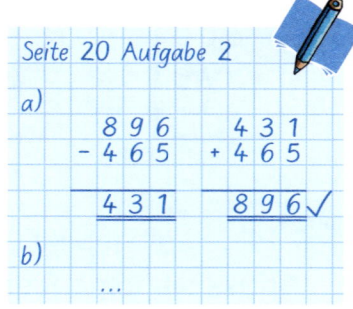

a) ⟨5⟩⟨4⟩⟨6⟩
```
  8 9 6
-  ■ ■ ■
-------
  4 3 1
```

b) ⟨2⟩⟨9⟩⟨6⟩
```
  7 0 8
-  ■ ■ ■
-------
  4 3 9
```

c) ⟨6⟩⟨0⟩⟨5⟩
```
  ■ ■ ■
- 3 0 6
-------
  2 5 4
```

d) ⟨2⟩⟨5⟩⟨5⟩⟨0⟩
```
  ■ 4 ■
- 3 ■ ■
-------
  2 2 5
```

Seite 20 Aufgabe 2
a)
```
  896      431
- 465    + 465
------   ------
  431      896 ✓
```
b) ...

3 Ergänze die fehlenden Ziffern. Schreibe auf.

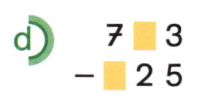

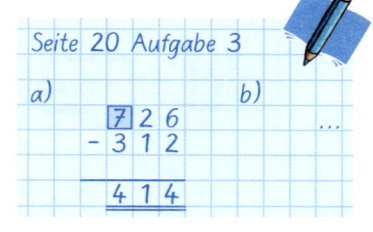

a)
```
  ■ 2 6
- 3 1 2
-------
  4 1 4
```

b)
```
  6 8 7
- 5 ■ 2
-------
  ■ 6 ■
```

c)
```
  4 6 ■
- ■ ■ 3
-------
  2 5 4
```

d)
```
  7 ■ 3
- ■ 2 5
-------
  5 4 ■
```

Seite 20 Aufgabe 3
a)
```
  [7] 2 6
-   3 1 2
---------
    4 1 4
```
b) ...

4 Finde selbst Aufgaben, die zu den angegebenen Ergebnissen passen. Schreibe sie auf.

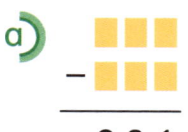

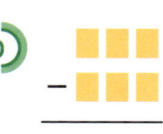

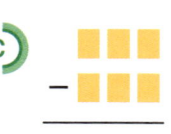

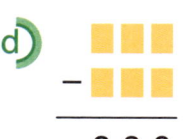

a)
```
  ■ ■ ■
- ■ ■ ■
-------
  2 3 1
```

b)
```
  ■ ■ ■
- ■ ■ ■
-------
  2 1 2
```

c)
```
  ■ ■ ■
- ■ ■ ■
-------
  4 4 4
```

d)
```
  ■ ■ ■
- ■ ■ ■
-------
  3 8 6
```

Seite 20 Aufgabe 4
a) ...

5 Trage in jedes Kästchen der Ergebniszahl eine beliebige Ziffer von 0 bis 9 ein.

```
  ■ ■ ■
- ■ ■ ■
-------
  ■ ■ ■
```

Finde nun Zahlen, die zu diesem Ergebnis passen. Suche mehrere Lösungen.

Seite 20 Aufgabe 5
...

* wenden ihre mathematischen Kenntnisse, Fähigkeiten und Fertigkeiten bei der Bearbeitung herausfordernder Aufgaben an
* bilden Aufgaben unter Beachtung unterschiedlicher Vorgaben
* probieren systematisch und überprüfen ihre Ergebnisse

Besondere Minusaufgaben bilden und lösen

1 Suche dir ein anderes Kind. Würfelt mit zwei und mit drei Würfeln.
Bildet aus den gewürfelten Zahlen Minusaufgaben, schreibt sie auf und löst sie.

2 Bilde aus den Ziffern 6 3 5 alle möglichen dreistelligen Zahlen.

a) Notiere deine Zahlen.

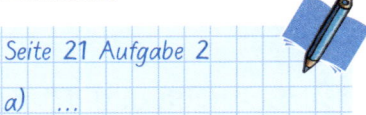

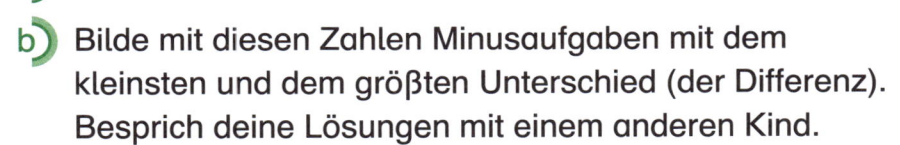

b) Bilde mit diesen Zahlen Minusaufgaben mit dem kleinsten und dem größten Unterschied (der Differenz).
Besprich deine Lösungen mit einem anderen Kind.

Seite 21 Aufgabe 2
a) ...

3 Übertrage die Aufgaben in dein Heft, ergänze die fehlenden Ziffern und setze die Reihe fort.
Besprich dein Vorgehen mit einem anderen Kind.

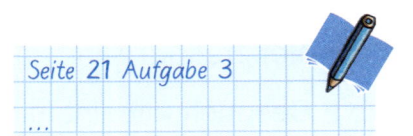

```
  8 7 6      7 6 ▪      6 ▪ ▪      ▪ ▪ ▪
− 7 7 7    − 6 6 6    − 5 5 5    − ▪ ▪ ▪
```

Seite 21 Aufgabe 3

4 Wähle aus den Ziffern 1 2 3 4 5 6 7 8 9 …

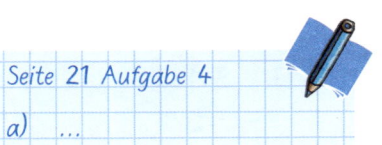

a) … drei Ziffern aus und bilde daraus die größte und die kleinste dreistellige Zahl.

b) Berechne den Unterschied (die Differenz) der beiden Zahlen.

c) Bilde aus den Ziffern der Differenz wieder die größte und die kleinste Zahl.
Setze dies immer so fort und subtrahiere.

d) Wiederhole die Schritte a) bis c) für ein weiteres Zahlenpaar.

e) Besprich deine Ergebnisse mit einem anderen Kind.
Was fällt euch auf? Sucht Begründungen.

Seite 21 Aufgabe 4
a) ...

★ lösen Aufgaben zur Subtraktion im Zahlenraum bis 1 000
★ beschreiben arithmetische Muster und deren Gesetzmäßigkeit
★ entwickeln arithmetische Muster, setzen diese fort und verändern sie systematisch

IRI-Zahlen kennenlernen und subtrahieren

Tafel:
212 − 121 = 91
313 − 131 = 182
525 − 252 = 273

Sprechblase: Zahlen wie 212 oder 121 heißen IRI-Zahlen.

1 Erkläre einem anderen Kind, was das Besondere der IRI-Zahlen ist.

2 Schreibe alle IRI-Zahlen auf. Überlege dir, wie du vorgehen kannst, damit du keine Zahl vergisst.

Seite 22 Aufgabe 2
1 2 1, ...

3 Subtrahiere mit IRI-Zahlen.
a) Notiere fünf Minusaufgaben mit IRI-Zahlen und löse sie.
b) Besprich mit einem anderen Kind, was dir auffällt.

Seite 22 Aufgabe 3
a) ...

4 Löse die Aufgaben.
a) Löse die Aufgabenreihen und setze sie fort.

```
A   2 1 2        3 2 3        4 3 4
  − 1 2 1      − 2 3 2      − 3 4 3
  _____      _____      _____

B   3 1 3        4 2 4        ■■■
  − 1 3 1      − ■■■        − ■■■
  _____      _____      _____

C   ■■■         ■■■         ■■■
  − 1 4 1      − ■■■        − ■■■
  _____      _____      _____
    2 7 3        2 7 3        2 7 3
     ⋮            ⋮            ⋮
```

Seite 22 Aufgabe 4
a) A
     2 1 2
   − 1 2 1
   _____
      ...

b) Welches Muster entdeckst du? Erkläre es einem anderen Kind.

* beschreiben arithmetische Muster und deren Gesetzmäßigkeit
* entwickeln arithmetische Muster, setzen diese fort und verändern sie systematisch

Im Kopf oder schriftlich rechnen

1 Überlege, welchen Rechenweg du wählen würdest.

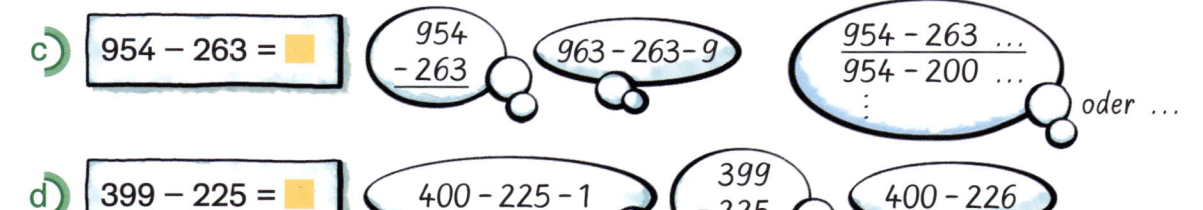

a) 703 − 398 = ▢   (703 − 400 + 2)   (703 − 398)   (700 − 400 + 3 + 2)   oder ...

b) 857 − 491 = ▢   (857 − 500 + 9)   (857 − 491 ... / 857 − 400 ...)   (857 − 491)   oder ...

c) 954 − 263 = ▢   (954 − 263)   (963 − 263 − 9)   (954 − 263 ... / 954 − 200 ...)   oder ...

d) 399 − 225 = ▢   (400 − 225 − 1)   (399 − 225)   (400 − 226)   oder ...

e) Schreibe eine kurze Begründung zur Wahl deiner Rechenwege bei den Aufgaben a) bis d) auf.

2 Erkläre einem anderen Kind, warum Meral die Aufgabe einfach lösen kann.

Meral: „703 − 699 rechne ich im Kopf!"

3 Überlege, welche Aufgaben du im Kopf und welche du schriftlich rechnest. Begründe und vergleiche mit den Überlegungen eines anderen Kindes.

695 − 339 = ▢   420 − 370 = ▢   699 − 352 = ▢

578 − 200 = ▢   349 − 249 = ▢

4 Löse die Aufgaben auf deine Art, schriftlich oder im Kopf. Schreibe deinen Rechenweg auf.

a) 411 − 105 = ▢   b) 976 − 560 = ▢   c) 865 − 478 = ▢
d) 638 − 399 = ▢   e) 753 − 503 = ▢   f) 838 − 318 = ▢

40 20 90 →   10 80 30 50 →   70 50 10 80 40 →   50 40 30

★ entscheiden, welche Art der Berechnung zur Lösung sinnvoll ist
★ erkennen mathematische Zusammenhänge und begründen diese
★ vergleichen und bewerten Rechenwege

Die eigene Rechnung überprüfen

Lea: „Ich überprüfe mit der Umkehraufgabe."

```
  7 8
+ 2 7 9
  1 1
  3 5 7
```

```
  3 5 7
− 2 7 9
───────
    7 8
```

Ole: „Ich überprüfe zuerst die Endziffer: 17 − 9 = 8"

Mai-Lin: „Ich rechne noch mal und überprüfe so die Übertragszahlen."

Tim: „Ich prüfe das Ergebnis durch Überschlag mit gerundeten Zehnerzahlen: 360 − 280 = 80"

1 Beschreibe einem anderen Kind, wie du überprüfst. Begründe deine Wahl.

2 Rechne die Aufgaben im Heft und überprüfe dein Ergebnis mit der Umkehraufgabe.

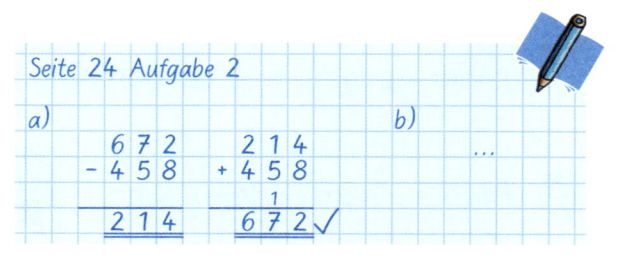

a) 672 − 458
b) 569 − 384
c) 825 − 679
d) 405 − 278
e) 900 − 458
f) 361 − 195

Seite 24 Aufgabe 2
a)
```
  6 7 2      2 1 4
− 4 5 8    + 4 5 8
              1
  2 1 4      6 7 2 ✓
```
b) …

3 Rechne im Heft. Schreibe die Überschlagsrechnung (Ü) dazu und überprüfe zusätzlich die Endziffer (EZ).

a) 591 − 268
b) 436 − 257
c) 825 − 679
d) 653 − 284
e) 954 − 426
f) 729 − 328

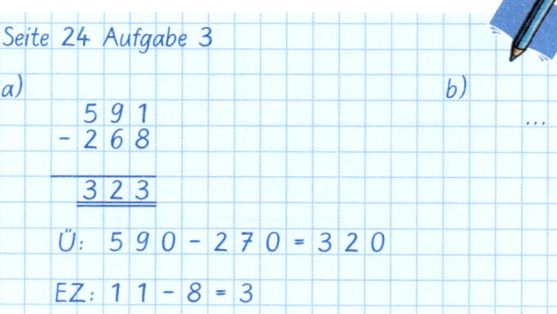

Seite 24 Aufgabe 3
a)
```
  5 9 1
− 2 6 8
  3 2 3
```
Ü: 590 − 270 = 320
EZ: 11 − 8 = 3
b) …

4 Richtig oder falsch? Überprüfe die Rechnungen. Schreibe auf, wie du überprüfst.

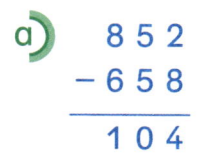

a) 852 − 658 = 104
b) 793 − 513 = 413
c) 806 − 419 = 449

Seite 24 Aufgabe 4
a) falsch
b) …
Ich überprüfe …

5 Überlege, was beim schriftlichen Subtrahieren wichtig ist. Schreibe auf, was dir dabei leichtfällt. Notiere, was du immer besonders beachten musst.

→ AH Seite 48
→ Ü Seite 35

Fehler und ihre Ursachen finden

1 Überprüfe die Ergebnisse mithilfe der Umkehraufgabe.
Wenn das Ergebnis falsch ist, bestimme die richtige Lösung.

a) 948   b) 612   c) 536
   −379   − 74   −273
   ────   ────   ────
    459   138   363

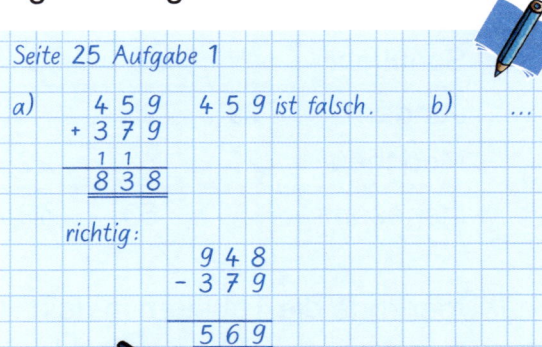

d) 624   e) 624   f) 731
   −207   −207   −575
   ────   ────   ────
    188   417   266

Seite 25 Aufgabe 1
a) 459   459 ist falsch.   b) ...
   +379
    1 1
    838

richtig: 948
          −379
          ────
           569

2 Überprüfe die Ergebnisse mithilfe der Umkehraufgabe.

a) 286   b) 612   c) 429
   +395   + 74   +301
   ────   ────   ────
    571   730   604

d) 237   e) 805   f) 257
   +354   +138   +486
   ────   ────   ────
    581   843   743

Mit Minusaufgaben kann ich Plusaufgaben kontrollieren.

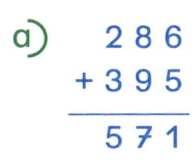

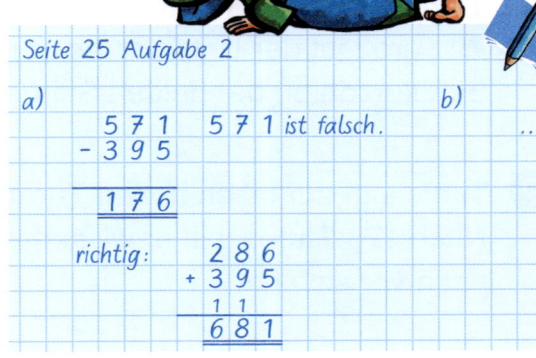

Seite 25 Aufgabe 2
a)   b) ...
    571   571 ist falsch.
   −395
   ────
    176

richtig: 286
          +395
           1 1
          ────
           681

3 Hier sind vier Ergebnisse falsch. Rechne die Aufgaben noch einmal im Heft.
Gib bei jeder falschen Aufgabe an, welcher Fehler gemacht wurde.

A: Addition statt Subtraktion   B: Tauschen oder Übertrag vergessen
C: Fehler beim Subtrahieren   D: Aufgaben falsch untereinandergeschrieben

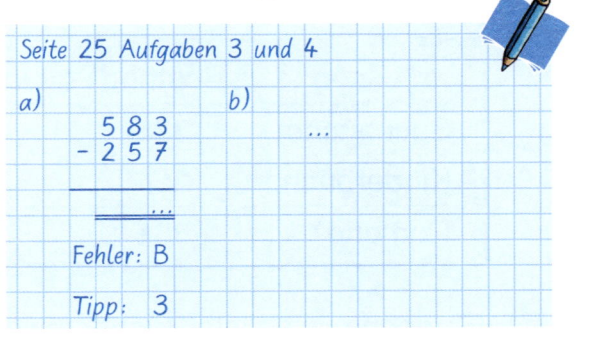

a) 583   b) 953   c) 643
   −257   −667   −274
   ────   ────   ────
    336   286   917

d) 853   e) 924   f) 906
   − 68   −762   −458
   ────   ────   ────
    173   161   448

Seite 25 Aufgaben 3 und 4
a)   b) ...
    583
   −257
   ────
    ...
Fehler: B
Tipp: 3

4 Finde gemeinsam mit einem anderen Kind für jede falsche Aufgabe
bei **3** den passenden Tipp:

1 richtig subtrahieren   2 stellengerecht untereinanderschreiben   3 Übertrag beachten

★ überprüfen Ergebnisse, finden und korrigieren Fehler
★ kategorisieren unterschiedliche Fehlerquellen und leiten Vermeidungsstrategien ab

Mit Sachsituationen umgehen

1 Schüler in Rotfelden und Blautal

Schule Rotfelden

Schuljahr	1	2	3	4
Jungen	29	25	■	27
Mädchen	26	■	22	■
insgesamt	■	53	48	56

Schule Blautal

Schuljahr	1	2	3	4
Jungen	■	40	■	38
Mädchen	35	■	41	■
insgesamt	68	75	84	77

a) Übertrage die Tabellen in dein Heft. Berechne die fehlenden Zahlen.

b) Schreibe Rechnungen und Antworten in dein Heft:

Wie viele Schüler gehen insgesamt in Rotfelden und in Blautal zur Schule? Wie groß ist der Unterschied der Schülerzahlen der beiden Schulen?

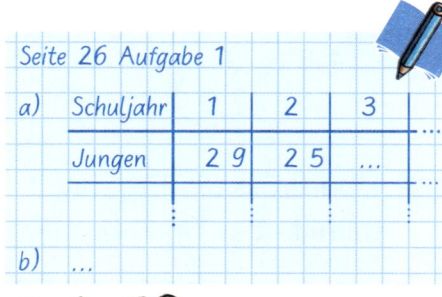

2 Tim steigt auf einen hohen Turm, der 387 Stufen hat. Nach 178 Stufen will er wissen, wie viele Stufen er noch vor sich hat.

3 Herr Bauer hat für seine Einfahrt insgesamt 480 Betonsteine bestellt. Für ein Muster benötigt er 198 schwarze Steine. Die restlichen Steine sind grau. Wie viele graue Steine bekommt er geliefert?

4 Der Bibliothekar der Gemeindebücherei zählt:

	Bestand	davon vorhanden
Sachbücher	335	197
Kinderbücher	254	176
Romane	831	656

a) Berechne, wie viele Bücher jeweils ausgeliehen sind.
b) Suche weitere Fragen und beantworte sie.

→ 30 20 10   → 80 30 50 20   → 60 30 10 80 90   30 20 60

* entnehmen Sachsituationen in unterschiedlichen Darstellungen relevante Informationen und übersetzen diese in die Sprache der Mathematik
* wenden das Verfahren der schriftlichen Subtraktion an

→ AH Seite 49

Ergebnisse der Bundesjugendspiele auswerten

Bundesjugendspiele – Leichtathletik – Mädchen
Punktetabelle

Schlagballweitwurf

Meter	7,0	7,5	8,0	8,5	9,0	9,5	10,0	10,5	11,0	11,5	12,0	12,5	13,0	13,5	14,0	14,5	15,0	15,5	16,0	16,5	17,0	17,5	18,0	18,5	19,0
Punkte	71	81	92	102	111	121	130	139	147	156	164	173	181	188	196	204	211	218	226	233	240	247	253	260	267
Meter	19,5	20,0	20,5	21,0	21,5	22,0	22,5	23,0	23,5	24,0	24,5	25,0	25,5	26,0	26,5	27,0	27,5	28,0	28,5	29,0	29,5	30,0	30,5	31,0	31,5
Punkte	273	280	286	292	299	305	311	317	323	329	334	340	346	351	357	363	368	373	379	384	389	395	400	405	410

50-m-Lauf

Sekunden	13,4	13,3	13,2	13,1	13,0	12,9	12,8	12,7	12,6	12,5	12,4	12,3	12,2	12,1	12,0	11,9	11,8	11,7	11,6	11,5	11,4	11,3	11,2	11,1	11,0
Punkte	2	6	10	15	19	23	28	32	37	41	46	51	56	61	66	71	76	81	87	92	98	103	109	115	121
Sekunden	10,9	10,8	10,7	10,6	10,5	10,4	10,3	10,2	10,1	10,0	9,9	9,8	9,7	9,6	9,5	9,4	9,3	9,2	9,1	9,0	8,9	8,8	8,7	8,6	8,5
Punkte	127	133	139	146	152	159	166	172	179	187	194	201	209	217	225	233	241	249	258	267	276	285	294	304	314

Weitsprung

Meter	2,21	2,25	2,29	2,33	2,37	2,41	2,45	2,49	2,53	2,57	2,61	2,65	2,69	2,73	2,77	2,81	2,85	2,89	2,93	2,97	3,01	3,05	3,09	3,13	3,17
Punkte	188	195	201	208	214	220	226	232	238	245	250	256	262	268	274	280	285	291	297	302	308	313	319	324	330
Meter	3,21	3,25	3,29	3,33	3,37	3,41	3,45	3,49	3,53	3,57	3,61	3,65	3,69	3,73	3,77	3,81	3,85	3,89	3,93	3,97	4,01	4,05	4,09	4,13	4,17
Punkte	335	340	346	351	356	362	367	372	377	382	387	392	397	402	407	412	417	422	427	432	437	441	446	451	456

Alter	Siegerurkunde (SU)	Ehrenurkunde (EU)
8 Jahre	ab 450 Punkte	ab 575 Punkte
9 Jahre	ab 525 Punkte	ab 675 Punkte
10 Jahre	ab 600 Punkte	ab 775 Punkte

1 Beantworte die Fragen. Schreibe Rechnungen und Antworten auf.

a) Berechne, wie viele Punkte den Mädchen zu einer Siegerurkunde und zu einer Ehrenurkunde fehlen.

Maja, 9 Jahre: 478 Punkte
Lea, 10 Jahre: 513 Punkte

b) Lisa, 9 Jahre, hat folgende Ergebnisse erzielt:
Weitsprung: 3,17 m, 50-m-Lauf: 11,2 s
Berechne, wie viele Punkte sie erreicht hat.

c) Wie viele Punkte fehlen ihr für eine Siegerurkunde und wie viele Punkte fehlen ihr für eine Ehrenurkunde?

d) Wie weit muss sie mindestens werfen, um eine Siegerurkunde zu erhalten und wie weit für eine Ehrenurkunde?

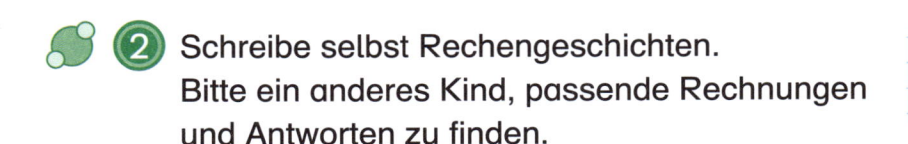

Seite 27 Aufgabe 1
a) Maja   b) ...
R: SU: 5 2 5   EU: ...
        − 4 7 8
        ─────
          4 7
A: ...

2 Schreibe selbst Rechengeschichten. Bitte ein anderes Kind, passende Rechnungen und Antworten zu finden.

Seite 27 Aufgabe 2

* entnehmen Tabellen relevante Daten und ziehen sie zur Beantwortung von Fragen heran
* formulieren zu schülerrelevanten Situationen Rechengeschichten und mathematische Fragestellungen

Geldbeträge bestimmen, vergleichen und zusammenstellen

1 Lege die einzelnen Beträge einmal mit drei, einmal mit vier und einmal mit fünf Scheinen. Schreibe als Additionsaufgaben, wie du gelegt hast.

a) 500 € b) 200 € c) 800 €
d) 750 € e) 900 € f) 255 €

Seite 28 Aufgabe 1
a) 500 € = 200 € + ...   b) ...
   500 € = ...
   500 € = ...

2 Lege gemeinsam mit einem anderen Kind unterschiedliche Geldbeträge. Findet jeweils den größten und den kleinsten Betrag, den ihr legen könnt, mit …

a) … zwei Geldscheinen.
b) … drei Geldscheinen.
c) … vier Geldscheinen.
d) … zwei verschiedenen Geldscheinen.
e) … drei verschiedenen Geldscheinen.
f) … vier verschiedenen Geldscheinen.

Seite 28 Aufgabe 2
a) ...

3 Betrachte Kataloge und Prospekte. Schreibe auf, was du kaufen könntest …

a) … mit 1 000 €. b) … mit 500 €.
c) … mit 200 €.   d) … mit 750 €.

Seite 28 Aufgabe 3
a) mit 1 000 €: ...   b) ...

4 Du kannst zusammen mit anderen Kindern Plakate für 1 000 €, 500 €, 200 €, … gestalten. Ihr könnt Bilder von Gegenständen aus Katalogen und Prospekten aufkleben oder dazu malen.

15 55 35 → | 22 88 33 66 → | 25 95 45 15 75 → | 50 20 44

→ AH Seite 50

Geldbeträge unterschiedlich notieren

1 Bestimme, welcher Geldbetrag jeweils dargestellt ist.
Schreibe in Euro und Cent und in Komma-Schreibweise.

a) b) c) d) e) f)

Seite 29 Aufgabe 1
a) 1 6 0 € 9 0 ct = 1 6 0,9 0 €
b) ...

Das Komma trennt Euro und Cent.
Man sagt: 160 Euro und 90 Cent.

160 Euro 90 Cent =
160,90 Euro
11 Euro 5 Cent =
11,05 Euro

2 Schreibe die Beträge auf drei Arten in dein Heft:
in Cent, in Euro und Cent, in Komma-Schreibweise.

a) 95 ct   b) 5 € 79 ct   c) 7 € 15 ct
d) 9,45 €   e) 65 ct   f) 7,05 €

Seite 29 Aufgabe 2
a) 9 5 ct = 0 € 9 5 ct = 0,9 5 €
b) ...

3 Schreibe die Beträge in Komma-Schreibweise der Größe nach geordnet in dein Heft. Beginne jeweils mit dem kleinsten Betrag.

a) 461,15 €   15,42 €
   107 € 60 ct
   867 ct   7,40 €

b) 205 ct   3 € 80 ct
   405 €
   3,08 €   35,75 €

Seite 29 Aufgabe 3
a) 7,4 0 € < ...   b) ...

4 Zeichne eine Tabelle in dein Heft und trage die Geldbeträge ein.

a) 19,05 €   b) 783 ct   c) 17,85 €   d) 100,05 €
e) 0,78 €   f) 305 ct   g) 900 ct   h) 0,01 €

Seite 29 Aufgabe 4

	€	ct
a)	1 9	5
b)	7	8 3
c)	...	...

→ AH Seite 51
→ Ü Seite 36

★ übertragen eine Darstellungsform in eine andere
★ verwenden Abkürzungen zu Maßeinheiten und notieren Geldbeträge mit Komma
★ vergleichen und ordnen unterschiedliche Angaben zu Geldbeträgen nach ihrem Wert

Rechenschritte auf verschiedene Art darstellen

$3{,}87\,€ + 4{,}58\,€ = \blacksquare\,€$ $7{,}35\,€ - 3{,}57\,€ = \blacksquare\,€$

Mai-Lin:
+4€, +50 ct, +8 ct
3,87 € — 7,87 € — 8,37 € — 8,45 €

−7 ct, −50 ct, −3 €
3,78 € — 3,85 € — 4,35 € — 7,35 €

Lea:

3 € 87 ct + 4 € 58 ct = ▢
3 € 87 ct + 4 €   = 7 € 87 ct
7 € 87 ct +   50 ct = 8 € 37 ct
8 € 37 ct +   8 ct = 8 € 45 ct

7 € 35 ct − 3 € 57 ct = ▢
7 € 35 ct − 3 €   = 4 € 35 ct
4 € 35 ct −   50 ct = 3 € 85 ct
3 € 85 ct −   7 ct = 3 € 78 ct

Ole:

3 € 87 ct + 4 € + 50 ct + 8 ct = 8 € 45 ct

7 € 35 ct − 3 € − 50 ct − 7 ct = 3,78 €

> Ich rechne schriftlich und schreibe Komma unter Komma!

```
  3,8 7 €          7,3 5 €
+ 4,5 8 €        − 3,5 7 €
  1 1
  8,4 5 €
```

1 Einstern und die Kinder schreiben ihren Rechenweg unterschiedlich auf.
Wie schreibst du deinen Rechenweg auf?
Besprich deine Überlegungen mit einem anderen Kind.

2 Löse die Aufgaben. Notiere die Rechenschritte auf deine Art.

a) 4,25 € + 2,88 €
b) 3,68 € + 4,75 €
c) 87,35 € + 55,84 €
d) 7,32 € − 5,58 €
e) 6,51 € − 0,89 €
f) 18,44 € − 15,67 €

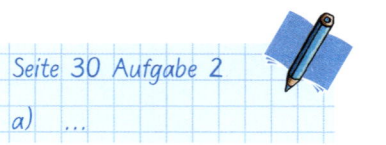

Seite 30 Aufgabe 2
a) ...

* nutzen, erklären und vergleichen unterschiedliche Rechenwege
* entscheiden passend zu einer Aufgabe, welche Art der Berechnung zur Lösung angemessen ist
* stellen ihre Vorgehensweise dar und begründen sie

→ Ü Seite 37

Rechengeschichten zusammensetzen und lösen

1 Setze die Teile in der passenden Reihenfolge zu einer Rechengeschichte zusammen und schreibe sie in dein Heft. Ergänze die Rechnung und den Antwortsatz.

Seite 31 Aufgabe 1
a) Tim kauft ...
   ⋮
b) ...

a)
- Tim erhält 1,80 € zurück.
- Was kostet der Füller?
- Er bezahlt mit einem 20-€-Schein.
- Tim kauft einen Füller.

b)
- Sie bezahlt mit einem 10-€-Schein.
- Sie kosten 5,25 €.
- Wie viel bekommt sie zurück?
- Sofie kauft Süßigkeiten.

c)
- Ole kauft Bildkarten.
- Er erhält 5,15 € zurück.
- Wie hat er bezahlt?
- Sie kosten 14,85 €.
- Er bezahlt mit zwei Scheinen.

d)
- Sie muss noch 40 € sparen.
- Es kostet 215 €.
- Wie viel Geld hat sie schon?
- Lisa möchte ein Fahrrad kaufen.

2 Schreibe zu jeder Zeile der Tabelle eine Rechengeschichte. Dabei kannst du folgende Fragen verwenden:

Wie viel Geld bekommt sie zurück?
Mit welchem Geldschein bezahlt sie? Wie hoch ist der Kaufpreis?

Berechne dann die Aufgabe und schreibe einen Antwortsatz.

Seite 31 Aufgabe 2
...

	Kaufpreis	bezahlt	bekommt zurück
Frau Winter	89,70 €	100 €	■
Frau May	■	200 €	24,20 €
Frau Bauer	36,50 €	■	13,50 €

3 Julia bekommt eine Jacke und Tim eine Hose. Julias Jacke kostet 30 € mehr als die Hose für Tim. Die Mutter gibt insgesamt 120 € aus.

a) Wie viel kostet Julias Jacke?
b) Wie teuer ist Tims Hose?
c) Besprich dein Vorgehen und deine Ergebnisse mit einem anderen Kind.

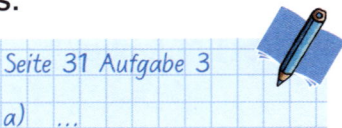

Seite 31 Aufgabe 3
a) ...

→ Ü Seite 38

★ entnehmen relevante Informationen aus Texten und formulieren dazu mathematische Fragestellungen
★ lösen Sachsituationen mit Größen

Einnahmen und Ausgaben der Klassenkasse eintragen

11.11. Laternenumzug Verkauf Kinderpunsch Einnahmen: 23,50 €	5.10. Bewirtung Elternabend Ausgaben: 19,95 €	19.12. Verkauf von Plätzchen Einnahmen: 32,80 €	27.11. Einkauf für Bastelarbeiten Ausgaben: 14,20 €
6.10. Einkauf Draht für Bastelarbeiten Ausgaben: 12,40 €	8.12. Plätzchen backen Einkauf der Zutaten Ausgaben: 17,84 €	20.12. Einkauf für gemeinsames Frühstück Ausgaben: 31,75 €	11.11. Spenden beim Laternenfest Einnahmen: 62 €

1 Für die Klassenkasse wird eine Liste mit dem jeweils aktuellen Guthaben geführt. Der letzte Eintrag war am 30.9. Damals betrug das Guthaben 117,80 €.

a) Erstelle die Eintragungen bis zum 20.12., geordnet nach Datum. Lege dazu eine Tabelle an. Schreibe deine Rechnungen dazu.

b) Die Klasse plant einen Ausflug. Aus der Klassenkasse sollen dafür 200 € entnommen werden. Wie viel Geld muss zuvor noch mindestens in die Klassenkasse eingezahlt werden?

c) Überlege, wie die Klasse das fehlende Geld für den Ausflug einnehmen könnte. Trage deine Überlegungen in die Liste in Aufgabe a) ein.

d) Überlege, wie du mit nur drei Rechnungen das Guthaben am Ende der Eintragungen berechnen kannst. Schreibe diese auf. Vergleiche dein Ergebnis mit dem Ergebnis bei Aufgabe a).

Seite 32 Aufgabe 1

a)

Datum	Einnahme	Ausgabe	Guthaben
30.9.			117,80 €
5.10.		19,95 €	97,85 €
⋮			

$$\begin{array}{r} 117,80\ € \\ -\ \ 19,95\ € \\ \hline 97,85\ € \end{array}$$ ...

b) ...

Wollt ihr für eure Klasse auch eine Klassenkasse einrichten?

40 17 28   50 25 16 11   90 16 32 47 22   68 39 12

Kassenzettel auswerten und erstellen

NATURA

NATURA GMBH
BAHNHOF-STRASSE 38
88662 ÜBERLINGEN

REG 21.04.2016(DO)   16:25
CHEF   MC#01   172529
BED.000001

PUTZM. GETRÄNKE
LEBENSMITTEL 7%   €11.50
LEBENSMITTEL 7%   €2.95
             3 ST   €3.29
UMSATZ 19%
MWST   19%   €9.66
UMSATZ   7%   €1.84
MWST   7%   €5.83
TOTAL   €0.41
                       €17.74
BAR   €50.00
RÜCKGELD   €32.26

VIELEN DANK FÜR IHREN
EINKAUF.
STEUER NR. 87001/09125

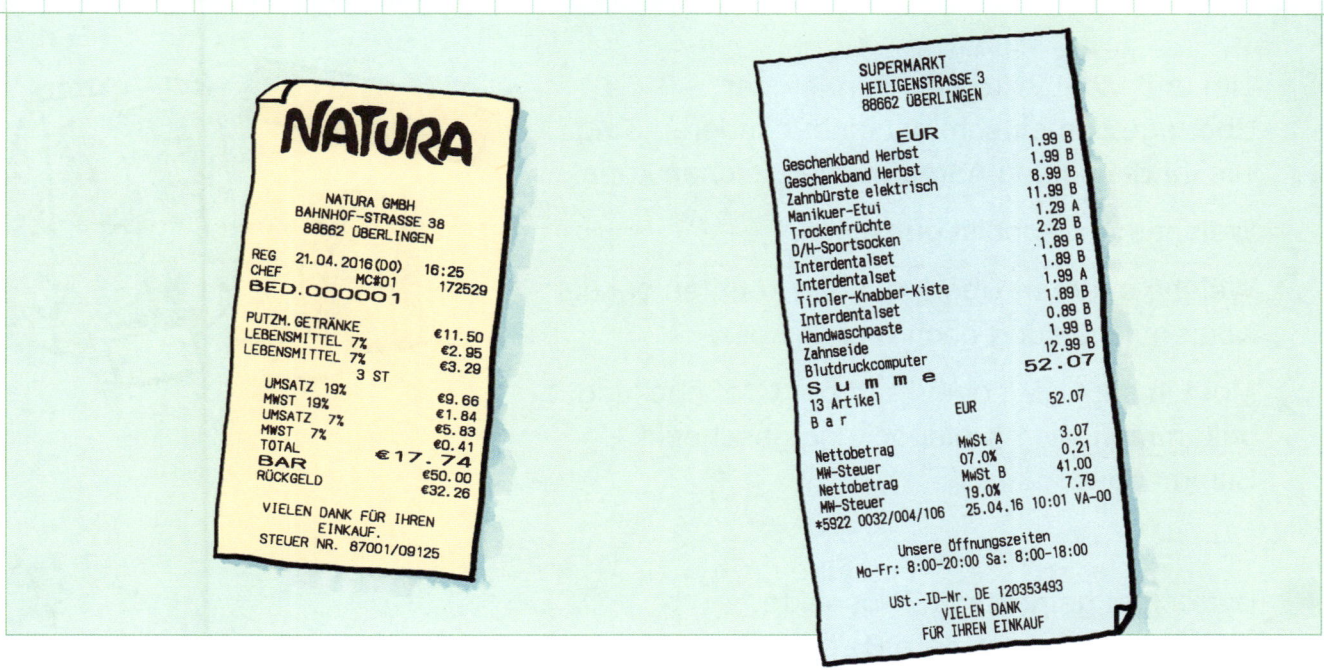

SUPERMARKT
HEILIGENSTRASSE 3
88662 ÜBERLINGEN

                       EUR
Geschenkband Herbst   1.99 B
Geschenkband Herbst   1.99 B
Zahnbürste elektrisch 8.99 B
Manikuer-Etui   11.99 B
Trockenfrüchte   1.29 A
D/H-Sportsocken   2.29 B
Interdentalset   1.89 B
Interdentalset   1.89 B
Tiroler-Knabber-Kiste 1.99 A
Interdentalset   1.89 B
Handwaschpaste   0.89 B
Zahnseide   1.99 B
Blutdruckcomputer   12.99 B
S u m m e   52.07
13 Artikel   EUR   52.07
B a r
              MwSt A   3.07
Nettobetrag   07.0%   0.21
MW-Steuer   41.00
Nettobetrag   MwSt B   7.79
MW-Steuer   19.0%
*5922 0032/004/106 25.04.16 10:01 VA-00

Unsere Öffnungszeiten
Mo-Fr: 8:00-20:00 Sa: 8:00-18:00

USt.-ID-Nr. DE 120353493
VIELEN DANK
FÜR IHREN EINKAUF

---

1 Kassenzettel auswerten

a) Schreibe auf, was du den einzelnen Kassenzetteln entnehmen kannst. Folgende Stichworte helfen dir:

Einkaufsort, Datum, Uhrzeit, Kassennummer, gekaufte Artikel, Zahlungsart, Kaufsumme, Rückgeld, Mehrwertsteuer, …

Seite 33 Aufgabe 1
a) …

b) Suche dir ein Partnerkind. Stellt euch gegenseitig Fragen und beantwortet sie.

c) Schreibt euch Fragen auf Zettel und sortiert sie:
   – Die Antwort kann ich auf dem Kassenzettel ablesen.
   – Für die Antwort muss ich erst etwas berechnen.
   – Hier kann ich nur vermuten.

2

Bäckerei Müller

Brezel	0,65 €	Roggenbrot	2,95 €
5 Brezeln	3,00 €	Vollkornbrot	3,15 €
Brötchen	0,31 €	Mischbrot	1,98 €
Vierkornbrötchen	0,62 €	Dinkelbrot	3,25 €
Roggenbrötchen	0,38 €	Baguette	1,65 €
Laugenstange	0,85 €	Hefezopf	4,85 €

Überlege dir, was du beim Bäcker für deine Familie kaufen könntest. Erstelle selbst einen Kassenzettel mit möglichst genauen Angaben.

* entnehmen relevante Informationen aus verschiedenen Quellen und formulieren dazu mathematische Fragestellungen

Preise vergleichen

1 Tim und Mai-Lin kaufen Hundefutter.
Überlege gemeinsam mit einem anderen Kind, wie ihr die beiden Angebote vergleichen könnt.

a) Welches Angebot ist günstiger?

b) Welche anderen Überlegungen könnten bei der Kaufentscheidung noch wichtig sein?

c) Mai-Lin sagt: „Mit dem Kauf der Großpackung bekommen wir 1 Kleinpackung geschenkt."
Stimmt das?

Im Angebot
1 kg 3,49 €
5 kg 15,99 €

2 Betrachtet gemeinsam Prospekte und findet selbst weitere Beispiele. Legt dazu eine Tabelle an.

Seite 34 Aufgabe 2

Produkt	Kleine Packung	Große Packung
Duschgel	1 Flasche 0,79 €	3 Flaschen 1,99 €
...		

3 Betrachtet eure Aufschriebe in Aufgabe 2.

F: Wie viel Geld spare ich, wenn ich eine Großpackung Duschgel kaufe?

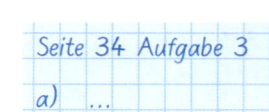

R:
```
  0,79 €         2,37 €   (3 Einzelflaschen)
  0,79 €       - 1,99 €   (Großpackung)
+ 0,79 €       _____
_____         0,38 €
  2,37 €
```

A: Ich spare 38 Cent.

a) Vergleicht mindestens zwei Preise in Aufgabe 2. Berechnet, wie viel ihr jeweils sparen könnt, wenn ihr Großpackungen kauft. Schreibt und rechnet wie Max.

b) Erklärt einem anderen Kind eure Rechnungen.

c) Besprecht Vor- und Nachteile von Großpackungen.

Seite 34 Aufgabe 3
a) ...

Ist es immer sinnvoll, die Großpackung zu kaufen?

* erkennen funktionale Beziehungen in alltagsnahen Situationen und nutzen diese zur Lösung entsprechender Aufgaben

Preise vergleichen und zuordnen

Die Abkürzung „DM" steht für „Deutsche Mark".

Bis zum 31.12.2001 haben die Menschen in Deutschland mit DM bezahlt.

1 € entspricht etwa 2 DM.
1 € ≈ 2 DM
2 DM entsprechen etwa 1 €.
2 DM ≈ 1 €

1 Betrachte die Preisveränderungen auf der Abbildung.
Lege im Heft eine Tabelle an.

Seite 35 Aufgabe 1				
Gegenstand	Preis 1963	Preis 1983	Preis 2003	Preis heute
1 Liter Milch	0,46 DM ≈ 0,23 €	1,47 DM ≈ 0,74 €	0,79 €	...
...				

a) Trage die Produkte und Preise von Aufgabe **1** ein.

b) Versuche, in Prospekten, in Geschäften oder im Internet den heutigen Preis für diese Produkte zu finden.

c) Kreise für jedes Produkt den niedrigsten Preis grün und den höchsten Preis rot ein.
Berechne den Preisunterschied.

2 Befrage deine Eltern oder Großeltern nach den Preisen früher.
Vergleiche mit den heutigen Preisen.
Stelle deine Vergleiche einem anderen Kind vor.

★ übertragen ihre Kenntnisse auf alltagsbezogene Fragestellungen
★ wenden Mathematik auf konkrete Fragestellungen in Alltagssituationen an
★ finden zu Problemstellungen eigene Fragestellungen und setzen sie mit den Erfahrungen anderer in Beziehung

Passende Rechenoperationen und passende Fragen finden

1 Ordne gemeinsam mit einem anderen Kind folgenden Tätigkeiten ⊕ oder ⊖ passend zu.

a) ausgeben   b) bekommen   c) verschenken   d) verlieren
e) finden   f) wegnehmen   g) einnehmen   h) einzahlen
i) zusammensetzen   k) abheben   l) gewinnen   m) abschneiden
n) aufladen   o) verkürzen   p) dazukommen   r) sparen

2 Finde gemeinsam mit einem Partnerkind zu jeder Rechengeschichte die passende Rechenaufgabe und löse sie.

a) Lisa kauft ein Buch für 7,50 Euro und Briefpapier für 3,40 Euro. Wie viel muss sie bezahlen?

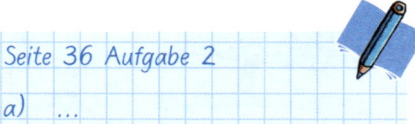

b) Tim hat 32 Euro in seinem Sparschwein. Für Bildkarten gibt er 3,80 Euro aus. Wie viel Geld hat er noch?

c) Lena hat 45 Euro. Sie möchte eine Jacke für 72 Euro kaufen. Wie viel muss sie noch sparen?

d) Ole kauft für 12,90 Euro einen Fußball. Er bezahlt mit einem 20-€-Schein. Wie viel bekommt er zurück?

e) Sofie kauft einen CD-Player im Sonderangebot für 35 Euro. Der bisherige Preis war 68 Euro. Wie viel hat sie gespart?

Seite 36 Aufgabe 2
a) ...

3 Tim will an seinem Geburtstag mit seinen Freunden basteln. Er kauft dafür Pinsel für 3,20 €, bunte Pappe für 5,10 € und Klebestifte für 4,60 €. Oma gibt ihm für den Einkauf 15 €.

a) Schreibe auf, welche Fragen du zu dieser Rechengeschichte beantworten kannst.

A Wie viel muss Tim bezahlen?
B Wann hat Tim Geburtstag?
C Reicht das Geld von Oma?
D Kann Tim von dem Geld noch zwei Filzstifte für je 1,20 € kaufen?
E Wie viel bekommt Tim zurück?
F Wen hat Tim eingeladen?
G Was kauft Tim ein?
H Wie viele Pinsel kauft Tim?

Seite 36 Aufgabe 3
a) A, ...
b) R: ...
A: Tim muss .... € bezahlen.

b) Finde jeweils eine passende Rechenaufgabe, löse sie und beantworte die Fragen.

★ finden mathematische Lösungen zu Sachsituationen mit Größen
★ entnehmen Darstellungen der Lebenswirklichkeit relevante Informationen und übersetzen diese in die Sprache der Mathematik

→ AH Seite 52

Rechengeschichten selbst erfinden

Ich habe Ideen für verschiedene Rechenaufgaben mit unterschiedlichen Rechengeschichten.

$2{,}40\,€ + 3{,}95\,€ = \square\,€$
$17{,}80\,€ + \square\,€ = 25{,}00\,€$
$215\,€ - 180\,€ = \square\,€$
$125{,}20\,€ - \square\,€ = 97{,}80\,€$

1 Wähle mindestens eine Rechenaufgabe auf Einsterns Tafel aus und löse sie. Schreibe dazu eine passende Rechengeschichte.

Seite 37 Aufgabe 1
Aufgabe: ...

2 Wähle mindestens eine Frage aus.
Schreibe dazu eine kurze Rechengeschichte.

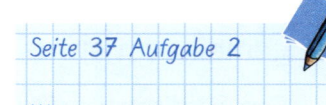

- A Wie viele sind es zusammen?
- B Wie viele fehlen noch?
- C Wie viel ist noch übrig?
- D Wie viel muss er bezahlen?
- E Wie viel bekommt sie zurück?
- F Reicht ihr Geld?
- G Wie viele waren es am Anfang?

Seite 37 Aufgabe 2

3 Wähle mindestens einen Antwortsatz aus.
Schreibe dazu eine kurze Rechengeschichte.

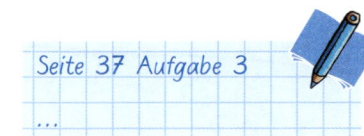

- A Sie müssen insgesamt ▮ Euro bezahlen.
- B Er hat ▮ Euro mehr als seine Schwester.
- C Sie muss noch ▮ Euro sparen.
- D Er hat noch ▮ Euro übrig.
- E Das Buch kostet ▮ Euro.
- F Mama hat ihm ▮ Euro geliehen.

Seite 37 Aufgabe 3

4 Stelle deine Rechengeschichten aus den Aufgaben **1**, **2** und **3** einem anderen Kind vor. Überlegt gemeinsam, ob sie jeweils passend sind.

★ finden zu gegebenen mathematischen Modellen passende Problemstellungen
★ entwickeln zu gegebenen Fragestellungen entsprechende Sachsituationen
★ übersetzen Problemstellungen in ein mathematisches Modell

Sachsituationen spielen

1 Im Restaurant bestellen und bezahlen

a) Suche dir mehrere Kinder, die mit dir gemeinsam eine Situation im Restaurant spielen.

Ein Kind ist die Bedienung/der Kellner, die anderen sind die Gäste, die einzeln oder gemeinsam etwas bestellen.

Die Bedienung/Der Kellner schreibt eine Rechnung, die Gäste zahlen mit Rechengeld.

Die Preise könnt ihr aus den Karten unten auswählen oder ihr könnt selbst eine Speisekarte erstellen.

b) Überprüft die Rechnung und das Bezahlen mit Rechengeld.

c) Besprecht am Schluss, wie ihr miteinander umgegangen seid.

d) Schreibe eine kleine Rechengeschichte zu deinem Restaurantbesuch.

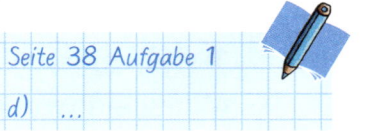

Seite 38 Aufgabe 1
d) ...

LUIGI
PIZZA FRISCH AUS DEM HOLZOFEN

Pizza Salami	7,50 €
Pizza Margherita	6,90 €
Pizza Primavera	7,50 €
Pizza Schinken	7,90 €
Pizza Vegetaria	7,20 €
Pizza Spinaci	7,20 €
Pizza Hawaii	7,50 €
Familienpizza	9,20 €

Getränke

Mineralwasser	1,80 €
Limonade	1,90 €
Cola	1,90 €
Apfelsaft	2,10 €
Orangensaft	2,30 €
Saftschorle	1,90 €

Wir liefern auch direkt ins Haus!

SPEISEKARTE
Cafeteria Schnell & Gut

Sprudel	1,80 €
Limo/Cola	2,20 €
Rostbratwurst	3,50 €
Bockwurst mit Salat	5,50 €
Gulaschsuppe	4,50 €
Schnitzel mit Brot	7,50 €
Strammer Max	6,90 €

Speisekarte zum Ochsen

Mineralwasser	1,80 €
Limonade	1,90 €
Schnitzel mit Pommes	8,80 €
Rinderfilet	12,80 €
Gulaschsuppe	4,90 €
Spaghetti mit Tomatensoße	6,50 €
Omelette	4,80 €

★ lösen Sachsituationen mit Größen
★ erweitern Sachsituationen, um Zusammenhänge zu erfassen und zu erklären

Informationen aus Preistafeln entnehmen

PREISTAFEL SCHWIMMHALLE

1. Erwachsene	Einzelkarte	3,– €
	6er-Karte	15,– €
	20er-Karte	47,– €
	50er-Karte	110,– €
	3-Monats-Karte	55,– €
	(gültig ab Lösungstag – Passbild nicht übertragbar)	
2. Familienkarten	1. Elternteil	45,– €
(3 Monate gültig ab Lösungstag)	2. Elternteil	30,– €
	1. Kind	22,– €
	2. Kind	22,– €
	ab 3. Kind	frei
3. Kinder	Einzelkarte	1,50 €
4–15 Jahre	6er-Karte	8,– €
	20er-Karte	27,– €
	50er-Karte	59,– €

riesen rutschbahn Preisliste Stand 1. April 2012

Erwachsene
1 Fahrt ... 3,00 €
6 Fahrten ... 15,00 €
15 Fahrten ... 32,00 €

Erwachsene mit Kind unter 8 Jahren
1 Fahrt ... 3,50 €
6 Fahrten ... 17,50 €
15 Fahrten ... 40,00 €

Kinder ab 8 Jahren
1 Fahrt ... 2,00 €
6 Fahrten ... 10,00 €
15 Fahrten ... 22,00 €

Ab 20 Personen (Gruppe)
Kinder ab 8 Jahren
30 Fahrten ... 40,00 €
Erwachsene ab 14 Jahren
30 Fahrten ... 50,00 €

Bei Regen und Nässe wird die Bahn gesperrt. Bereits gelöste Karten verfallen nicht und werden auch nicht zurückgenommen. Kinder unter 8 Jahren dürfen nur in Begleitung Erwachsener fahren.

seebusch abenteuerland

Im Winter geht Familie Schulz (Vater, Mutter und die 10-jährige Nele) häufig schwimmen.

Im letzten Sommer unternahm die Familie einen Tagesausflug zur Riesen-Rutschbahn.

1 Beantworte die Fragen zusammen mit einem anderen Kind.

a) Wie viel kostet ein Besuch im Hallenbad für Familie Schulz?

b) Wie viel muss die Familie für 20er-Karten bezahlen, wenn jede Person eine Karte erhält?

c) Wie viel kosten Familienkarten für die gesamte Familie?

d) Was ist für Familie Schulz günstiger: der Kauf von Familienkarten oder der Kauf von 20er-Karten? Wie groß ist der Preisunterschied?

e) Beantwortet die Fragen a) bis d) auch für eure Familien.

f) Überlegt, was sich für euch oder eure Familien im Jahr lohnen würde.

2 Beantwortet auch diese Fragen gemeinsam.

a) Auf der Rutschbahn möchte jede Person mindestens einmal fahren. Wie viel kostet das mindestens?

b) Herr Schulz sagt vor der Abfahrt: „Ich gebe für das Rutschbahnfahren höchstens 30 € aus!" Überlegt und besprecht, welche Fahrtmöglichkeiten es dann für alle Familienmitglieder gibt.

c) Beantwortet die Fragen a) und b) auch für eure Familien.

★ entnehmen Darstellungen der Lebenswirklichkeit relevante Informationen
★ entwickeln und nutzen Strategien zur Problemlösung

Beim Einkaufen alle Möglichkeiten finden

Kiosk am See

- Currywurst 3,60 €
- Hamburger 4,80 €
- Butterbrezel 1,30 €
- Apfelsaft 2,10 €
- Limonade 1,90 €
- Mineralwasser 1,80 €

1 Paul und Lisa kaufen sich am Kiosk etwas zu essen und zu trinken.

a) Schreibe alle Möglichkeiten auf, ein Essen und ein Getränk zusammenzustellen. Nutze dafür die Anfangsbuchstaben als Abkürzung.

b) Stelle alle Möglichkeiten in einer Skizze oder Tabelle dar.

c) Ermittle die Anzahl der verschiedenen Möglichkeiten mithilfe einer Rechnung.

d) Entscheide, welche Kombination die teuerste und welche die preisgünstigste ist.

e) Lisa möchte auf keinen Fall Mineralwasser trinken. Wie viele Möglichkeiten hat sie, sich ein Essen und ein Getränk zusammenzustellen.

Seite 40 Aufgabe 1
a) ...

→ 44 15 21   → 37 21 42 87   → 98 17 21 36 43   55 23 50

★ bestimmen die Anzahl der verschiedenen Möglichkeiten bei einfachen kombinatorischen Aufgaben durch systematisches Probieren und stellen die Ergebnisse strukturiert dar

Einen Text verstehen und Fragen dazu beantworten

Familie Müller geht zum Abschluss eines Ausflugs in das Gasthaus Krone. Herr Müller findet neben den acht Autos einen freien Parkplatz. Anke, zehn Jahre alt, wählt den freien Tisch in der Mitte aus. Jan, der achtjährige Sohn, zählt alle Gäste. Es sind 23.

Aus der Speisekarte wählen sie vier Speisen und jeweils ein Getränk für jeden aus. Jan wählt sein Lieblingsessen, Schnitzel mit Pommes, zum Preis von 8,50 €. Vater und Mutter essen beide das gleiche Gericht. Es kostet jeweils 11,50 €. Ankes Essen und alle Getränke kosten zusammen 18 €.

Bis alle ihr Essen bekommen, wollen die beiden Kinder mit einem Quartett spielen, das 32 Karten haben sollte. Leider fehlt eine Karte. Nach erfolglosem Suchen legen Jan und Anke das Quartett beiseite.

Als Vater mit einem 50-€-Schein bezahlt, sind nur noch sieben andere Gäste da. Vater steckt das Rückgeld ein. Um 19 Uhr fährt die Familie satt und müde nach Hause.

1 Suche dir ein anderes Kind. Lest zuerst die Geschichte. Stellt euch abwechselnd Fragen zu dem Text und beantwortet sie.

2 Findet gemeinsam heraus, wie viel Herr Müller bezahlen muss.
   a) Schreibt nur die Informationen auf, die ihr benötigt, um die Lösung zu finden. 
   b) Schreibt einen neuen kurzen Text, der nur diese wichtigen Angaben enthält.
   c) Schreibt nun die Rechnung und die Antwort zur Frage auf: „Wie viel muss Herr Müller bezahlen?"

Seite 41 Aufgabe 2
a) ...

3 Schreibe auf, was dir bei Sachaufgaben besonders leichtfällt und wobei du dich sehr anstrengen musst (Frage finden, die passende Rechnung finden, den Antwortsatz finden oder zu der Rechnung die Rechengeschichte schreiben).

★ entnehmen Darstellungen der Lebenswirklichkeit relevante Informationen und formulieren dazu mathematische Fragestellungen
★ finden mathematische Lösungen zu Sachsituationen

Fragen zu einer Geschichte beantworten

> Am Samstag fuhr ich mit meinem Vater mit dem Fahrrad von Nebringen nach Tübingen. Wir dachten, die Fahrt würde sehr bequem, weil unser Haus in Nebringen 460 m über dem Meer liegt und das Eiscafé in Tübingen nur 330 m.
>
> Bereits nach 15 Minuten mussten wir anhalten. Einer meiner Reifen war platt. Mein Vater war sehr schnell beim Flicken. Schon nach 10 Minuten konnten wir weiterfahren. Es war toll, 40 Minuten nur bergab zu fahren, bis mein Vater an meinem Fahrrad schon wieder einen Plattfuß beheben musste. Er schimpfte, weil ich so schnell über Steine und Gehweg-Kanten gefahren war. Wir machten auch gleich eine Pause und aßen jeder ein belegtes Brötchen.
>
> Nach 45 Minuten fuhren wir endlich weiter. Es waren nur noch 30 Minuten Fahrt bis nach Tübingen. Dort gab es endlich Eis! Ich bekam drei Kugeln, meinem Vater reichte eine Kugel. Eine Kugel kostete 80 Cent.
>
> Weil mein Vater kein Flickzeug mehr hatte, fuhren wir um 16.45 Uhr mit dem Zug zurück bis Herrenberg. Die Fahrt dauerte 30 Minuten. Leider mussten wir auch für die Fahrräder Fahrkarten lösen. Alle Fahrkarten zusammen kosteten 15 €. Von Herrenberg fuhren wir dann mit dem Rad nach Hause. Das dauerte noch einmal 25 Minuten.
>
> Jan

1 Lies den Text. Entscheide, ob man die folgenden Fragen
 – direkt aus dem Text beantworten kann (T),
 – ob man sie gar nicht beantworten kann (X) oder
 – nur mithilfe einer Rechnung beantworten kann (R).
 Beantworte die Fragen, wenn möglich.

a) Wie viele Personen fuhren mit dem Rad?
b) Wie teuer war das Eis insgesamt?
c) Wie viel kostete die Zugfahrt für ein Fahrrad?
d) Wie oft musste der Vater einen Reifen flicken?
e) Wie teuer waren die belegten Brötchen?
f) Wie lange war die reine Fahrzeit nach Tübingen?
g) Wie viele Wegkreuzungen gab es unterwegs?
h) Wann waren die beiden wieder in Nebringen?
i) Überlege dir weitere Fragen, für die T, X oder R gilt. Beantworte sie.

```
Seite 42 Aufgabe 1
a)  T:  2 Personen
b)  R:  80 ct + ...
       ⋮
c)  ...
```

★ entnehmen Sachaufgaben und Sachsituationen Informationen und unterscheiden dabei zwischen relevanten und nicht relevanten Informationen
★ finden zu einer gegebenen Problemstellung eigene Fragestellungen

Zahlenangaben in Zeitungsartikeln überprüfen

1 000 € Spenden für die Goldbergschule

Zu Schuljahresbeginn erhält die Goldbergschule von der örtlichen Bank für jedes neu eingeschulte Kind 10 € als Spende. In diesem Schuljahr gibt es zwei neue erste Klassen.

Lotto-Gewinn

Über einen Lotto-Gewinn von insgesamt 980 € können sich sechs Lotto-Spieler freuen. Jeder von ihnen gewinnt fast 30 Euro.

Mehr als 1 000 € Einnahmen bei Theateraufführungen

Die Theatergruppe der Schule hatte am vergangenen Wochenende folgende Einnahmen: für Auftritte am Samstag um 11 Uhr und um 16 Uhr 270 € und 330 €. Am Sonntag wurden insgesamt 300 € mehr eingenommen als am Samstag.

1 000. Rabattaktion

Heute startet das Lebensmittelgeschäft seine 1 000. Rabattaktion. Rabattaktionen gibt es seit knapp 10 Jahren an jedem ersten Samstag im Monat.

---

1. Überprüfe gemeinsam mit einem Partnerkind die Zahlenangaben aus den Zeitungsmeldungen. Welche Ausschnitte enthalten ganz sicher einen Fehler? Begründet eure Entscheidungen.

2. Wählt eine Zeitungsmeldung aus. Schreibt sie so um, dass sie stimmen kann.

3. Erfinde gemeinsam mit einem Partnerkind richtige und fehlerhafte Zeitungsmeldungen.

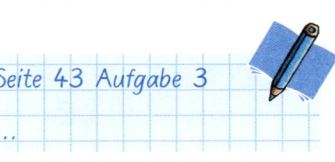

4. Stellt eure in Aufgabe 3 erstellten Zeitungsartikel anderen Kindern vor. Bittet sie zu überprüfen, ob diese stimmen können.

---

12 27 36   97 16 45 23   21 45 52 83 63   42 24 74

★ entnehmen Sachsituationen relevante Informationen
★ überprüfen Zahlenangaben in Sachsituationen auf Plausibilität
★ formulieren eigene Sachsituationen mit richtigen bzw. bewusst fehlerhaften Zahlenangaben

Fermi-Aufgaben bearbeiten

1 Kosten für Süßigkeiten

a) Tim kauft für seine Geburtstagsfeier Schokoküsse und Gummibärchen ein.

Berechne, wie viel Geld er dafür ausgeben muss.
Überlege dir Hilfsfragen, die dir weiterhelfen, wie z. B.:
Was kostet eine Packung Schokoküsse?
Wie viele Kinder kommen zur Geburtstagsfeier?
Schreibe die nötigen Informationen, die Rechenschritte und die Antwort auf.

Wie viel Süßes ist gesund?

b) Isst du viele Süßigkeiten?

Überlege dir, wie viele Süßigkeiten du in einem Jahr isst.
Berechne, wie viel diese Süßigkeiten zusammen kosten.
Überlege dir Hilfsfragen, die dir weiterhelfen, wie z. B.:
Wie viele Süßigkeiten esse ich ungefähr an einem Tag oder in einer Woche?
Schreibe die nötigen Informationen, die Rechenschritte und die Antwort auf.

c) Besprich mit einem anderen Kind, wie du vorgegangen bist und welche Ergebnisse du herausgefunden hast.

2 Kosten für einen Hamster

a) Maja kauft mit ihren Eltern im Zoogeschäft einen Hamster.

Überlege gemeinsam mit anderen Kindern, wie viel die Anschaffung und Haltung eines Hamsters in seinem gesamten Leben kostet.
Schreibt die nötigen Informationen, die Rechenschritte und die Antwort auf.
Besprecht mit anderen Kindern, wie ihr vorgegangen seid und welche Ergebnisse ihr herausgefunden habt.

b) Gestaltet dann gemeinsam einen Infozettel über die Kosten zur Anschaffung und Haltung eines Hamsters und hängt den Zettel in eurer Klasse auf.

Lebensdauer, Kosten für Nahrung …

* erweitern Sachsituationen, um Zusammenhänge zu erfassen und zu erklären, und beschaffen sich geeignete noch fehlende Informationen